Gestión Del Tiempo

Guía Para Obtener Productividad Efectiva En Tu Vida

(Dominio De La Productividad)

Vittorio Pabón

Publicado Por Daniel Heath

© **Vittorio Pabón**

Todos los derechos reservados

Gestión Del Tiempo: Guía Para Obtener Productividad Efectiva En Tu Vida (Dominio De La Productividad)

ISBN 978-1-989853-92-4

Este documento está orientado a proporcionar información exacta y confiable con respecto al tema y asunto que trata. La publicación se vende con la idea de que el editor no esté obligado a prestar contabilidad, permitida oficialmente, u otros servicios cualificados. Si se necesita asesoramiento, legal o profesional, debería solicitar a una persona con experiencia en la profesión.

Desde una Declaración de Principios aceptada y aprobada tanto por un comité de la American Bar Association (el Colegio de Abogados de Estados Unidos) como por un comité de editores y asociaciones.

No se permite la reproducción, duplicado o transmisión de cualquier parte de este documento en cualquier medio electrónico o formato impreso. Se prohíbe de forma estricta la grabación de esta publicación así como tampoco se permite cualquier almacenamiento de este documento sin permiso escrito del editor. Todos los derechos reservados.

Se establece que la información que contiene este documento es veraz y coherente, ya que cualquier responsabilidad, en términos de falta de atención o de otro tipo, por el uso o abuso de cualquier política, proceso o dirección contenida en este documento será responsabilidad exclusiva y absoluta del lector receptor. Bajo ninguna circunstancia se hará responsable o culpable de forma legal al editor por cualquier reparación, daños o pérdida monetaria debido a la información aquí contenida, ya sea de forma directa o indirectamente.

Los respectivos autores son propietarios de todos los derechos de autor que no están en posesión del editor.

La información aquí contenida se ofrece únicamente con fines informativos y, como tal, es universal. La presentación de la información se realiza sin contrato ni ningún tipo de garantía.

Las marcas registradas utilizadas son sin ningún tipo de consentimiento y la publicación de la marca registrada es sin el permiso o respaldo del propietario de esta. Todas las marcas registradas y demás marcas incluidas en este libro son solo para fines de aclaración y son propiedad de los mismos propietarios, no están afiliadas a este documento.

Tabla de contenido

PARTE 1 1

INTRODUCCIÓN 2

CAPÍTULO 1 – HÁBITOS DE RUTINA PARA ADMINISTRAR EL TIEMPO 6

HÁBITO NO.1 – PARA DE DARLE TANTA IMPORTANCIA A TAREAS MUNDANAS Y ONEROSAS 11
HÁBITO NO.2 – DELEGA 17
HÁBITO NO.3 – APRENDE A DECIR 'NO' 29
HÁBITO NO. 4 – ELABORA TU LISTA DE COSAS POR HACER POR ANTICIPADO 36
HÁBITO NO. 5 – PROCRASTINA PRODUCTIVAMENTE 45
HÁBITO NO. 6- NO TRABAJES MÁS DURO, SINO DE FORMA MÁS INTELIGENTE 50

CAPÍTULO 2 – REALIZANDO CAMBIOS EN EL ESTILO DE VIDA 64

HÁBITO NO. 7 – DUERME LO SUFICIENTE 66
HÁBITO NO. 8 – ARREGLA TUS HÁBITOS DIETÉTICOS 72
HÁBITO NO. 9 – CONTROLA TUS NIVELES DE ESTRÉS 78

CAPÍTULO 3 – REALIZANDO CAMBIOS EN LA ACTITUD 93

HÁBITO NO. 10 – APRECIANDO TU PROPIA IMPORTANCIA . 95

CAPÍTULO 4 – IDEAS RÁPIDAS PARA AYUDAR CON LA AGENDA DIARIA 104

UTILIZA TU TIEMPO EN EL COCHE PARA SER PRODUCTIVO 104

CONCLUSIÓN 114

PARTE 2 120

INTRODUCCIÓN 121

1: LA PSICOLOGÍA DEL TIEMPO 122

2: MANEJO DEL TIEMPO: EL MODELO DE FLUJO 129

3: PRODUCTIVIDAD - EL MITO DEL MULTITASKING 145

4: PRODUCTIVIDAD SIN ESTRÉS 156

5: POSPONIENDO TUS DEBERES 165

6: MECANISMOS DE DEFENSA DE LOS PROCRASTINADORES 172

7: FÓRMULA DE LA PROCRASTINACIÓN 179

8: EL ARTE DE LA ADMINISTRACIÓN DEL TIEMPO 192

CONCLUSIÓN 201

Parte 1

Introducción

¿Cuántas veces hemos lamentado nuestro destino al ser incapaces de completar todo el trabajo que tenemos por estar demasiado ocupados? ¿Cuántas veces nos hemos lamentado de que existan tan pocas horas en el día, y que no importa *cuánto* lo intentemos, no podemos conseguir hacerlo todo? ¿Y cuántos se dan cuenta de que nosotros somos nuestros propios enemigos?

La mayoría de la gente no sabe que sabotean sus propias oportunidades de éxito simplemente por apegarse a rutinas que son necesarias para sus vidas. Necesitas trabajar, necesitas hacer las tareas del hogar, necesitas cumplir todas tus obligaciones y a veces no queda ningún tiempo para la diversión. No aprendes a administrar tu tiempo, y el resultado final, el tiempo que *sí* tienes, se dedica a terminar tu trabajo y cumplir con los plazos de entrega. Esto obviamente significa que tienes poco tiempo para la diversión o la felicidad. La mayoría cree que no tener este elemento de diversión es un reflejo de lo mucho que han logrado, pero, en realidad, solo significa que has perdido tu motivación para vivir. El dinero no puede comprarnos la felicidad después de todo.

Si te has encontrado en esta situación, lo creas o no, la has creado tú. Las buenas noticias son que puedes deshacer los malos hábitos y crear otros nuevos que, no solo te liberen tiempo, sino te hagan preguntarte por qué no habías pensado en ello desde el principio.

La vida te da 24 horas cada día, de las cuales 8 deberían dedicarse al sueño. Sin embargo, las presiones de la vida moderna hacen que mucha gente no administre su tiempo, aunque crean que están dando prioridad a las cosas que importan. En realidad todo importa, incluido la diversión. El mundo nos dice que hemos de ser más eficientes cumpliendo con nuestras obligaciones para ser más productivos. Pero estar ocupado no necesariamente significa que eres efectivo, solamente significa que te estás moviendo constantemente sin ningún objetivo particular en mente. Lo que necesitas es ser más eficiente y efectivo para lograr tener tiempo extra para ti.

Si te has dado cuenta de que tu vida está estancada en la rutina de todo trabajo y nada de diversión, entonces es el momento de que leas este libro, que te dirá cómo darle la vuelta de manera que tus prioridades sean diferentes, y aún tengas tiempo para conseguir todo lo que has de lograr. Debes haber escuchado a la gente decir "no he tenido tiempo para…" Es verdad, probablemente no lo han tenido pero ¿por qué sucede esto? Ellos ven que las cosas que quieren incorporar a sus vidas son clasificadas como de baja prioridad, porque creen que existen otras cosas que es necesario hacer. Los diez hábitos de administración personal contenidos en las páginas de este libro pueden cambiar tu estilo de vida al completo para mejor.

¿A qué esperas? ¿Eres una de esas personas que pospone las decisiones porque estás demasiado ocupado para cambiar la forma en que manejas tu vida? ¿O eres una persona progresista que quieres abrirte a los nuevos desafíos que traen más satisfacción a tu vida? Si lo eres, entonces los consejos de este libro te ayudarán. ¿Cómo es que lo sé? Porque incorporé cada uno de ellos a mi vida hace años y ahora vivo una vida muy plena, y solamente yo podía cambiar el enfoque que tenía hacia ella.

Tú también puedes cambiar tu enfoque, y en realidad es mucho más simple de lo que puedas imaginar. Realiza estos ejercicios y verás cómo vives la vida al máximo en lugar de simplemente dejar que la vida te canse. En eso debería consistir tu vida. Para lograr la felicidad y la satisfacción, necesitas ajustar tu manera de pensar y tu estilo de vida dentro del marco del que dispones. Una vez lo hagas, nunca mirarás hacia atrás.

Capítulo 1 – Hábitos de rutina para administrar el tiempo

El primer paso a la hora de administrar el tiempo es entender la diferencia entre importante y urgente. Todos los expertos en negocios y administración nos dicen que tenemos que aprender a priorizar, a identificar aquellas tareas que son importantes y que necesitamos realizar esas labores según la prioridad. Aunque es un buen consejo, normalmente nos confunde porque, en realidad, no entendemos el significado de la palabra "priorizar".

La mejor forma de entender cómo priorizar es identificar lo que las palabras "urgente" e "importante" significan. Las tareas urgentes son aquellas que han de completarse *inmediatamente* tal como sugiere su nombre. No obstante, hemos de recordar que el resultado de estos trabajos puede importar o no, y que es posible que no dedicar atención a ellos pueda no tener demasiadas consecuencias a la larga.

Por otra parte, las tareas importantes son

aquellas que marcan una diferencia en el gran esquema de las cosas. No son urgentes en el sentido de que no han de realizarse inmediatamente, pero la parte negativa de esto es que tendemos a posponerlas a favor de las tareas urgentes, que se presentan como más esenciales a causa de la inmediatez con la que han de realizarse.

Existe una tercera categoría de tareas: las que son importantes *y* urgentes. Estas, por supuesto, son tareas que no puedes posponer en absoluto, y que normalmente no son un problema en la lista de prioridades. Pero identificar que tareas son importantes y urgentes puede ser complicado.

Sé que las definiciones de negocios como estas pueden sonar muy vagas, así que daré unos ejemplos muy simples para ayudarte a clasificar tus tareas de rutina y cotidianas en urgentes, importantes, o urgentes e importantes.

Contestar una llamada de teléfono es una tarea urgente. Si no la contestas, pierdes información como quién llamó, por qué llamaron, y lo que tenían que decir. Sin embargo, siempre puedes devolver la llamada o esperar a que la persona que la hizo vuelva a llamar, lo cual seguramente haga si es una llamada necesaria.

Por otra parte, supón que tienes un ligero dolor de estómago. La incomodidad es leve, y sientes que puedes soportarla, así que lo pospones en tu mente hasta que tengas tiempo de ir al doctor. Desafortunadamente, puede ser que mientras estás intentando encontrar el momento, tu apendicitis haya empeorado o tu úlcera haya crecido rápidamente. Acabarás convulsionando de dolor en el suelo de tu oficina y tendrás que ser llevado a la unidad de emergencias por los paramédicos tras la llamada de tus colegas, lo cual es una propuesta nada halagadora.

¿Puedes ver la diferencia entre las dos? Las tareas importantes, desafortunadamente, no *parecen* importantes la mayoría de las veces porque carecen de urgencia.

Y luego tenemos la tercera categoría: Las

tareas importantes *y* urgentes. Un ejemplo primordial de estas es el ir a recoger a tus hijos a la escuela o encargarte de que lo hagan. Es fácil ver por qué es algo tanto urgente como importante: si no llegas a la escuela a tiempo o haces que alguien en quien confías vaya, los niños van a estar solos en el patio. No hace falta decir las personas extrañas que pueden estar merodeando por la zona cuando se hace tarde, y tus hijos pueden meterse en montones de problemas, ya sea debido a fuerzas externas o simplemente a que son traviesos.

Espero que esto haya aclarado un poco las cosas sobre lo que significa "priorizar". Lo más simple es hacerte la siguiente pregunta: ¿Cuáles son las consecuencias si hago o no hago este trabajo? ¿Son asumibles? Piensa por un momento y luego elabora la lista de prioridades de tus tareas, y encontrarás que es más fácil.

En cada una de las cajas que componen tu vida, necesitas prestar atención a las cosas que tienes que hacer y priorizarlas. La mejor forma de hacer esto es tener tres montones, aunque solo sea de manera hipotética. Estos estás compuestos de:

- Las cosas que son fáciles de hacer y quitarse de encima
- Cosas que necesitan un poco más de tiempo y reflexión
- Cosas que pueden ser pospuestas para otro día sin causar mucha pérdida de tiempo

Las cosas rápidas que necesitan hacerse son las que primero deberías quitarte de encima. De esta forma tendrás una caja medio llena de responsabilidades. Todos tenemos cosas que sabemos que deberíamos hacer y listo, pero que no lleva tanto tiempo hacer. Elimina esas de la pila, y así tendrás más tiempo para hacer las cosas más complejas.

Aquellas cosas que pueden dejarse para otro día no son lo suficientemente importantes en tu vida como para preocuparse. Asigna a estas un tiempo en el futuro para el cual quieres que estén hechas. Nadie va a perder si no se hacen. Por ejemplo, limpiar la parte superior de las tazas de la cocina que están colocadas en lo más alto, no es algo que se haga todos los días, pero sabes que algún día tienes que hacerlo. Este es el tipo de trabajos que puedes asignar a algún día en el futuro cuando encuentres tiempo. No te obsesiones con ellos porque eso te lleva a estresarte, lo cual a su vez te lleva a la pérdida de tiempo productivo.

Así pues, este es el primer hábito que necesitas añadir a tu rutina.

Hábito No.1 – Para de darle tanta importancia a tareas mundanas y onerosas

Dicho de manera simple, estas tareas son las cosas urgentes que no tienen mucha importancia. Muchas veces acabamos realizando estas tareas mundanas que toman demasiado tiempo y no son en verdad importantes en el gran esquema de las cosas. Quizás estás dedicando demasiado tiempo a eso cuando necesitas entender que tu enfoque debería centrarse en hacerlas manejables y seguir teniendo tiempo para otras cosas. Si encuentras formas de hacerlas más rápido,

entonces lo estaremos haciendo bien.
¿Qué tareas tienes que sean onerosas? Deja que te de una pista.

Si sientes que tu vida se va por el retrete, probablemente es así. Las tareas del hogar, con mucha frecuencia, consumen más tiempo del que deberían. Necesitas organizar las tareas de la casa de forma que ahorres tiempo.
La gente las hace porque creen que todo el mundo depende de ellos para hacerlas. Sienten que tienen la obligación. El tipo de cosas que pueden incluirse bajo esta

categoría son las tareas que no nos proporcionan placer alguno, e incluyen cosas como:
- Planchar
- Limpiar el baño
- Lavar la ropa
- Limpiar la casa

Por supuesto, necesitas hacer todo esto, pero si lo haces de manera manual sin la ayuda de los productos modernos, estarás malgastando tiempo cuando podrías estar haciendo otra cosa. El planchado puede llevarte media hora a la semana, y la limpieza del baño otra hora. La colada puede estar llevándote más tiempo del que se necesita y, ciertamente, la limpieza de la casa es la mayor pérdida por la que la gente se resiente. ¿Cómo puedes cambiar este hábito?

Simplemente abordando las tareas de otra forma. Un ejemplo perfecto sería doblar las prendas directamente tras usar la secadora, ya que se ahorra tiempo planchando. No hay necesidad de fregar el inodoro si enseñas a los que viven en casa a tomar esa responsabilidad ellos mismos.

El trabajo del hogar es fácil si organizas tu casa y el lavado puede hacerse en la mitad del tiempo invirtiendo en un lavavajillas o secadora que permita que las cazuelas se sequen solas. De hecho, es hasta más higiénico.

Hemos de cambiar nuestra actitud hacia las tareas del hogar. Con frecuencia se ve que las personas que están muy ocupadas (especialmente las mujeres) tienden a realizar todas las tareas extra en los pocos y preciosos días de descanso del trabajo que pueden conseguir. En lugar de tener ese tiempo para descansar que tanto necesitan y merecen, se levantan temprano para lavar los baños o encerar los suelos. No estoy diciendo que estas tareas no sean importantes; definitivamente lo *son*, y, de hecho, se clasificarían más en la categoría de importantes que en la de urgentes. Pero no tienen por qué terminar acabando con todo tu tiempo, cuando deberías estar relajándote y recargándote en lugar de agotándote más.

Estar orgulloso por tu casa es normal, pero

hacer de las tareas del hogar una prioridad por encima de las cosas agradables de la vida no tiene sentido. Puedes tener lo mejor de ambos mundos decidiendo qué tareas son las más difíciles y consumidoras de tiempo en la casa. Tomará algún tiempo conseguir organizar la casa, pero necesitas hacerlo porque te ayuda a administrar el tiempo que tienes de forma más eficiente. Utiliza productos que te ayuden a limpiar. Aparta un tiempo para realizar esas tareas y simplemente realízalas de forma rápida como rutina, en lugar de convertirlas en algo grande. El problema es que la gente suele hacer que las tareas sean más duras de lo que necesitan serlo. Si apartas un tiempo determinado y lo dedicas a esas tareas que odias, entonces las terminaras porque te has marcado un objetivo a lograr.

¿Cómo lo logré yo? Hice que las tareas del hogar fuesen algo de lo que reírme. Me imaginé que trabajaba para un cliente, y que este me había dado un tiempo prefijado para terminar la limpieza y las tareas de la casa. De esa forma no podía llevarme más tiempo de lo que el cliente exigía. Si puedes meterte a ti mismo en esta actitud mental, verás que las tareas del hogar se convierten en un desafío, y que, como tal, lo terminas mucho más rápido. Incluso puedes poner música y encontrar que estás bailando con ella mientras haces las tareas. Esto hace que las cosas sean más divertidas y disfrutables, ¡y que consigamos hacerlas!

Compartimentar es algo vital. De esta forma las tareas que odias reciben una asignación de tiempo que estás preparado para darles. Tenemos tendencia a procrastinar aquello que no nos gusta hacer. Si sabes que retrasarás esta tarea en particular y gastarás mucho tiempo en ella, ponla en una fecha en que te puedas permitir darle ese tiempo.

Y esto es solo un ejemplo. Aunque las tareas del hogar tienden a formar parte de esa mayoría que requiere demasiado tiempo, energía y te dejan agotado, estas prácticas pueden utilizarse también en otros campos. Dividir las tareas y priorizarlas es algo igual de importante en el trabajo. Si, por ejemplo, tienes una fecha de entrega que cumplir y también tienes que reunirte con un cliente, mira si existe una forma de hacer ambas cosas. Si no es posible, prioriza. Quizás cumplir con la fecha de entrega pueda ser más urgente, pero si no te reúnes con el cliente, acabará siendo una pérdida para el negocio. Mira si existe alguna forma en que puedas extender la fecha de entrega, o quizás puedas pedir a tu cliente tener la cita mediante Skype y así ahorrar tiempo y transporte, consiguiendo realizar ambas cosas. Sea cual sea, no te estreses por ello: busca soluciones en lugar de centrarte en el problema.

Hábito No.2 – Delega

En realidad esto no es más que la extensión de la idea anterior. Aparte de dar prioridad y separar las tareas, has de aprender a delegar. Si existen tareas para las que estás demasiado cualificado, o que no tienes tiempo de hacer porque te distraerá de trabajos más importantes, pásaselos a otra persona. Si cargas demasiado sobre ti, terminarás estresado o sin tiempo suficiente para realizar esos trabajos urgentes *e* importantes que hacen que seas más productivo. ¿Recuerdas esa llamada de teléfono de la que hablamos? Haz que la conteste tu secretaria. Si no tienes una, bueno, ¡Para eso están los contestadores automáticos, después de todo!

Mucha gente, especialmente aquella que tiene la tendencia natural a asumir responsabilidades, encuentra extremadamente difícil delegar su trabajo a otra persona. Si eres alguien así, vas a tener que aprender a soltarlo y permitir que otra persona lo haga.

Utilizaremos de nuevo el ejemplo de las tareas del hogar. No tienes por qué realizarlo todo tú mismo, ¡delega un par de tareas a tus hijos! Esto les enseñará a ser responsables y a tener las habilidades vitales necesarias, a la vez que quita carga de tus hombros. No eres la única persona de la casa. Si sí lo eres (es decir, si vives solo) entonces no tienes la misma obligación de gastar todo tu tiempo haciendo cosas que detestas. Puedes planificar el trabajo para más tarde, cuando tengas tiempo libre; simplemente haz lo básico para mantener tu casa limpia y organizada. Pero si no estás solo, entonces delega algunas de las tareas a otros y haz que sepan de tus responsabilidades. No te rindas en el momento que los demás no hagan el trabajo a la altura de tus estándares. Simplemente dite a ti mismo que es *su* trabajo, no el tuyo. Puedes tomarte el tiempo para enseñarles cómo hacerlo si quieres, pero no vuelvas a hacer lo que ellos ya han hecho.

Por ejemplo, haz que tus hijos vayan limpiando lo que dejan detrás. Si juegan en el suelo del salón y producen un desorden, enséñales a que recojan los juguetes ellos mismos. Si no lo hacen, no vayas tras de ellos haciéndolo tú. ¡No pueden pasar tantas horas jugando en el desorden antes de que se cansen y ellos mismos lo limpien!

Y esto, obviamente, se extiende al lugar de trabajo. Si tienes un equipo de trabajadores a tus órdenes, asegúrate de que le entregas a cada uno de ellos algo de tu trabajo de forma que puedas centrarte en aquello que solamente tú puedes hacer. Enséñales cómo hacer su trabajo en lugar de hacerlo todo tú. Pueden cometer errores, pero permíteles que lo hagan; ¡Así aprenderán a ser mejores! Y así puedes conseguir el tiempo que necesitas para relajarte y expandirte.

Simplemente delegar y hacerlo de manera efectiva son dos cosas muy diferentes. Cuando se trata de un manejo efectivo del tiempo, lo que queremos hacer es lo segundo. Aquí tienes algunos consejos útiles para ayudarte no solo a delegar, sino a hacerlo de manera efectiva para una óptima administración del tiempo.

Delegación direccional

Al considerar qué tareas delegar, existen aquellas que no requieren mucha cualificación, si es que requieren alguna, y que son muy fáciles de realizar. Estas incluyen enviar e-mails, hacer la colada y pagar las facturas entre otras. Si puedes identificar tales tareas que consumen una considerable cantidad de tiempo, puedes delegarlas a algún asistente ya sea real o virtual. Ni siquiera tienes que pagar a alguien por ello. Puedes delegar algunas de las tareas a tu esposo, niños o a quien quiera que sea que viva en tu casa. Especialmente para los niños, delegar los trabajos menos valiosos pero que consumen mucho tiempo como lavar los platos y limpiar sus cuartos, no solo libera más de tu tiempo de calidad, sino que también les ayuda a desarrollar un carácter responsable como adultos.

Si tienes la suerte de tener subordinados en la oficina, intenta delegar tantas tareas que requieran tiempo y no requieran cualificación como sea posible, de modo que puedas centrar tus energías en mayores responsabilidades y trabajos más productivos. Si eres un emprendedor, considera la posibilidad de pagar por un asistente real o virtual que pueda llevar a cabo esas tareas. Incluso si gastas un poco más por sus servicios, tendrás la oportunidad de centrarte en actividades de mayor amplitud como el desarrollo de productos o servicios, y mejorar o encontrar nuevos mercados para los productos y servicios de tu negocio, lo cual puede ayudarte a ganar significativamente más de lo que estés pagando a tus asistentes.

Delegar no solo implica hacerlo "hacia abajo" (es decir, hacia los subordinados). También puedes delegar hacia arriba encargando la realización de algunos aspectos particulares de tus responsabilidades a expertos. En particular, existen tareas que necesitan un conocimiento y habilidades especializados que no están relacionados con tus habilidades principales. Por ejemplo, si estás a cargo de una heladería como negocio principal, algunas actividades importantes pero que no están directamente relacionadas son cumplimentar los impuestos o actualizar los registros y libros financieros. Puedes ahorrar dinero administrando estas cosas tú mismo o contratar a alguien (un contable o registrador) para que se encargue del área de los impuestos y contabilidad por ti, de manera que puedas tener más tiempo y recursos para crear mercado o expandirte a nuevos negocios. Incluso puedes disfrutar de mayor tiempo con la familia y los amigos encargando gran parte del trabajo sucio y repetitivo a expertos, de forma que puedas ser más productivo en lo que más importa.

Direcciones claras

Una de las claves importantes para una delegación de tareas efectiva es dar direcciones claras acerca de las mismas, incluyendo los resultados específicos que esperas obtener de la delegación. La cantidad de instrucciones que has de dar a la gente a quien delegas depende de su experiencia y cualificación.

Por ejemplo, pensemos en una mudanza. Si la delegas a una compañía de mudanzas profesional, solo tienes que decirles los objetos que quieres transportar, y dada su experiencia en trasladar cosas y su cualificación, serán capaces de transportar tus cosas de forma segura y eficiente desde tu casa antigua a la nueva. Pero si le pides a alguien que no es un profesional (digamos, por ejemplo, a tu hermano) que te ayude, seguramente necesitas darle unas instrucciones más claras y detalladas para que sea capaz de llevar los objetos de manera segura y a tiempo a cualquiera que sea el sitio al que quieras trasladarlos.

Poder a tu gente

Dándoles poder a la gente a la que normalmente delegas las tareas, podrás ayudarles a desarrollar las habilidades, capacidades y conocimientos necesarios. Y cuando sean capaces de hacer eso, no pasará mucho tiempo antes de que puedan trabajar de manera suficientemente efectiva como para permitirte centrar más tiempo, esfuerzo y recursos en asuntos más importantes y productivos.

Algo que es necesario que aprendas a distinguir es entre delegar y deshacerte. Delegar de forma efectiva no significa que tengas que pasar todas las cosas que no te gusta hacer y que otros arreglen siempre tus meteduras de pata regulares, particularmente si estas son por negligencia. No, hacer eso no aumentará la productividad de la administración del tiempo. De hecho puede llevar a que esta decaiga con el tiempo.

A este respecto, es importante que seas capaz de crear un entorno o atmósfera general en la que la gente esté conectada y consciente, y se centre en el mismo propósito. También ayuda si eres capaz de pedir ayuda a la gente en la que delegas tus tareas cuando se trata de temas estratégicos o de alcance más global.

Suéltalo, suéltalo

Algo que necesitas desechar si quieres administrar muy bien el tiempo y optimizar la productividad es la creencia de que si quieres las cosas bien hechas, tienes que hacerlas tú mismo. De hecho, si estás demasiado apegado a tu trabajo o negocio, hasta el punto de que sigues cogiendo las llamadas mientras tu familia está de vacaciones, es un síntoma de que estás demasiado involucrado y necesitas soltarlo.

Respira profundamente y piensa en liberarte. Suelta la urgencia y la tendencia a hacerlo todo. Recuerda que el propósito de delegar es quitar de tus manos aquello que delegas. ¿Qué sentido tiene que delegues si de todas formas vas a tener tus manos puestas sobre todo? Da un paso atrás y confía en la persona a la que delegaste la tarea. Y si no confías, ¿para qué delegas? Si la confianza es un problema, entonces corta el problema de raíz delegando solamente a las personas que crees que son capaces de realizar la tarea. Haz un hábito de contener el juicio y la evaluación hasta que la tarea haya finalizado.

Si no te sientes tranquilo en este punto como para delegar tareas, hazlo en pequeños pasos. No necesitas delegar tanto de golpe, comienza delegando tareas de baja prioridad y riesgo, aquellas que no tendrán mucho impacto si la persona a la que delegaste fracasa a la hora de hacerlo bien. Conforme tengas experiencia y éxito a la hora de delegar estas tareas, aumenta gradualmente la importancia y significancia de las tareas que delegas. El tener éxitos graduales e ir aumentando progresivamente te da la oportunidad y seguridad de aprender a delegar bien.

Invierte a largo plazo

A menudo delegar tareas parece demasiado tedioso, ya que requiere enseñar a la gente cómo hacer las cosas bien. Es por eso que muchos descartan la idea: ¿Por qué malgastar tiempo tratando de explicarle a alguien cómo hacer algo bien, cuando simplemente puedo hacerlo yo?

Aunque es verdad que delegar ciertas tareas implica esfuerzo y tiempo, es una inversión que merece la pena, especialmente si la tarea que delegas es algo que haces normalmente y que consume mucho de tu tiempo productivo. El beneficio real es a largo plazo, no inmediato.

Por ejemplo, normalmente soy yo quien realiza las compras en casa. Como a menudo tengo prisa, no lo delego a otros miembros de mi familia. Puedo realizar las compras semanales en 30 minutos, pero si llevo a alguien conmigo y le enseño a hacerlo, tomará una hora durante al menos las siguientes 5 u 8 semanas.

Prefiero hacerlo yo.

Pero llegó un momento en que me vi en la obligación de delegar. Y, después de unas cuantas semanas en el que la compra llevó más tiempo, pude sentarme y dejar que otros miembros de nuestra familia hiciesen la compra semanal. Las primeras y molestas semanas de tener que enseñar a alguien al final acabaron valiendo la pena: ya no hago más la compra, y por eso, tengo más tiempo para hacer cosas más productivas.

Al aplicar esto a tu negocio o carrera, tendrás que invertir algo de tiempo y esfuerzo al principio para delegar de manera efectiva en tus subordinados u otros profesionales. Por ejemplo, puedes contratar a un ayudante para que se encargue de enviar e-mails a los clientes y conteste los comentarios y preguntas en las redes sociales, y tendrás que trabajar el doble al principio mientras el ayudante aprende y se vuelve cada vez más eficiente en la tarea asignada. Finalmente, la inversión acabará compensando cuando el ayudante sea completamente capaz de

realizar las tareas que delegaste con poco o nada de supervisión. Liberará más tiempo para que puedas centrarte en asuntos más productivos e importantes.
¡Piensa a largo plazo!

Hábito No.3 – Aprende a decir 'NO'

Aquí tenemos un corolario de la idea anterior: aprender a decir no. Muchas veces, la gente que está muy ocupada encuentra que no saben cómo negarse a un amigo, o peor aún, a su jefe, y acaban aceptando más trabajo que en realidad no pueden completar en el plazo que se les ha dado. Esto se empeora cuando acabas empleando tiempo extra. Ya sea pagado o no, ese tiempo extra que pasas en la oficina reduce tu tiempo de ocio, y te desgasta y estresa hasta el máximo.

También está el chantaje emocional de los amigos y la familia, cuando tienes que acabar aceptando lo que quieren que hagas. Si de verdad es una emergencia, entonces está bien (¡no es nuestra intención que seas una persona sin corazón y dejes a un amigo tirado cuando te necesita!), pero hemos de aprender la diferencia entre emergencia y la ayuda normal a la que se te permite negarte, tal y como aprendiste a separar las tareas importantes y urgentes. Niégate de vez en cuando; no te hará daño y enseñará a tu amigo a cuidar de sí mismo en lugar de depender constantemente de ti.

Por supuesto, es mucho más difícil decir que no a tu jefe. En ese caso, trata de ser astuto. Pregunta si alguien más te puede ayudar con el trabajo, o si puedes obtener un plazo mayor de tiempo para terminarlo. No tengas temor a decirlo, ¡tu jefe también es un ser humano, y no un monstruo que escupe fuego! Si es completamente imposible conseguir ayuda para obtener un plazo mayor, *entonces* adelante y hazlo. Solo asegúrate de insistir en tomar algún tiempo de descanso cuando termines, para que puedas airearte, relajarte, y permitirte sentir la victoria de un trabajo bien hecho. Tomar responsabilidad no significa que tengas que quemarte por los dos extremos. Eso solo te hace improductivo y acarrea problemas de salud que puedes evitar si simplemente cambias tu actitud y estilo de vida.

Pero ¿Por qué es tan difícil decir que no incluso si hacerlo es tan beneficioso? Se debe a que nuestra sociedad ha ayudado a crear una mentalidad de cajero automático, en la que la gente espera una respuesta instantánea y favorable a todas las peticiones de ayuda, ya sean hechas a las máquinas o a otras personas. Así pues, ¿qué puede ayudarte a decir "no" cuando lo necesitas?

En primer lugar tienes que reconocer el hecho de que, a pesar de lo que otros te hayan podido decir, sigues siendo humano y no puedes hacerlo todo a la vez. Tiempo atrás todavía era posible organizar muchas de nuestras prioridades incluso sin el uso de una agenda, pero ahora, el juego ha cambiado. Con los estilos de vida de hoy día, tan ocupados y acelerados, el número de deberes y responsabilidades que la gente tiene que soportar está en ocasiones más allá de lo que podemos abarcar sin utilizar planificadores.

Además, tienes que aceptar el hecho de

que la creencia popular de que "todo lo que la mente puede concebir, el cuerpo lo puede lograr" es absolutamente falsa. ¿No me crees? Considera esto: a pesar de la fuerte y sincera creencia que los niños tienen en Santa Claus, sigue siendo un personaje ficticio.

Una de las creencias más improductivas que la gente tiene (y que puede que tú también poseas) es la de que pueden hacer bien y de forma excelente cualquier cosa sin necesidad de decir que no. Eso es basura. Todos tenemos limitaciones. Si ese fuese el caso, ¿entonces por qué es que los presidentes y jefes ejecutivos de las compañías tienen secretarias? Ten en mente que no existe cantidad de trabajo duro e inteligente que pueda compensar el utilizar la sabiduría para decidir qué tareas tomar a cargo y cuáles rechazar.

Otra manera de aprender cómo decir no de forma firme y efectiva es darse cuenta de que una de las maneras menos efectivas de decir que no a las peticiones de ayuda de otros, es decir que no tienes tiempo. ¿Por qué no es efectivo? Porque todos los demás dicen eso, incluyendo la persona que te está pidiendo ayuda. Es decir, por eso mismo es que te están pidiendo ayuda ¿verdad? Lo que sucede en situaciones como estas, es que corres un alto riesgo de ser convencido a decir que sí porque te sientes culpable de no ser capaz de ayudar a alguien que lo necesita, a expensas de tus propias necesidades de productividad personal.

Ya que no debes utilizar la excusa de la "falta de tiempo", has de aprender a decir no de forma agradable, condicional, pensándotelo, mediante solución alternativa y por arma secreta.

Para decir que no agradablemente, simplemente reconoce la necesidad de ayuda de la otra persona y luego termina diciendo algo como "... pero voy a tener que decir que no a eso. Gracias". Al hacer esto te afirmas amablemente a la vez que muestras respeto y preocupación por la necesidad de la persona

Un "no" condicional significa que estarás de acuerdo con la petición de ayudasolo si se cumplen ciertas condiciones. Asegúrate de establecer condiciones que sean muy improbables de cumplir, pero no imposibles. Por ejemplo, si estás terminando un proyecto que tu jefe, el vice-presidente, espera que finalices a las 6:00 p.m. y otro jefe de menor rango (digamos el ayudante del vicepresidente) te pide hacer algo para él a las 5:00 p.m., puedes responder diciendo: "Estaría encantado de hacerlo, pero solo si te puedes encargar de este proyecto que el vicepresidente espera para las 6:00 p.m., o si me puedes asegurar de que no le importará que lo entregue mucho más tarde". Aunque estas no son condiciones imposibles, es altamente improbable que se cumplan, y, por eso, la otra persona simplemente retirará la petición sin que tengas que decir que no. Al menos no le rechazaste, sino que él o ella misma se retiró.

Otra forma sutil (y hábil si se me permite añadir) de decir que no a las peticiones de otros es pensándotelo algún tiempo. Lo que esto quiere decir es que contestas diciendo que te lo pensarás antes. Esta puede ser una forma muy efectiva de decir que no, porque a menudo decimos que sí por reflejo para evitar sentimientos de culpa, por servir sinceramente a otros, o para divertirnos. Pensándotelo y no dando una respuesta inmediata durante un día o dos, permites que tu reflejo inicial y los primeros sentimientos amainen y te das a ti mismo la oportunidad de evaluar de forma objetiva si responder que sí o que no a la petición. Es probable que quieras decir que no. Pero dejando que pase el suficiente tiempo, también ayudas a que la otra persona maneje de forma razonable sus expectativas con respecto a tu respuesta y esté en una mejor disposición de aceptar tu negativa, si eso es lo que le respondes más tarde.

Otra manera de decir que no de forma efectiva es ofrecer soluciones alternativas a la petición que te hacen. Por ejemplo, puedes decir: "Lo siento Bernie, no puedo ayudarte a hacer tu declaración de impuestos, pero puedo recomendarte un contable muy bueno que te podría ayudar" ante una petición de ayuda para rellenar los impuestos. Al ofrecer una solución, podrás decir que no y aun así ayudar a la persona que te lo pide.

Finalmente, si la persona que te pide ayuda es persistente y te pregunta por qué no puedes conceder lo que te requiere, simplemente di que no puedes. No le debes ninguna explicación satisfactoria, porque no estás en la obligación de hacerlo. Tan simple como eso.

Hábito no. 4 – Elabora tu lista de cosas por hacer por anticipado

Este es el antiguo cliché de programar y hacer listas. Pero ¿acaso los clichés no se convierten en clichés *porque* son ciertos? Elaborar listas de cosas pendientes es un método probado para administrar mejor tu tiempo, simplemente porque escribir algo ayuda a aclarar tu mente. Cuando las ideas rebotan en tu cabeza, pasan demasiado rápido como para comprenderlas o entender las implicaciones que hay tras ellas. Escribe esas ideas, y verás cuánto trabajo tienes que hacer y cómo puedes cumplirlo para tener tiempo para ti mismo.

Realizar una lista de tareas también significa que puedes identificar y diferenciar fácilmente las tareas importantes y urgentes. Priorizar se vuelve más fácil, ¡y luego puedes relajarte porque además has logrado programar algo de tiempo para pasarlo bien!

Otro pequeño consejo para eliminar el estrés es este: lleva un cuaderno contigo y anota todo lo que haces en el día y cuando lo haces. Haz esto todos los días durante una semana, y te darás cuenta de cuánto tiempo dedicas a ti mismo, y cuánto al trabajo y a otras responsabilidades. Ponlo en columnas diferentes, y serás capaz de ver patrones sobre cuánto tiempo gastas en trabajos menores, la falta de priorización, y el poco tiempo que en realidad tienes para ti mismo.

Una vez reconozcas lo que estás haciendo mal, es bastante fácil corregirlo. ¿Puedes ver lo útiles que son las listas? Si haces una lista de quehaceres para el día, y tachas los elementos uno por uno, encontrarás que las cosas se hacen más rápidamente, ya que no estás corriendo como un pollo sin cabeza, preguntándote que harás después. Estarás organizado y bien coordinado, y, sin duda, eso hace que las cosas vayan mejor. Puedes sentarte e identificar todas aquellas cosas que requieren tiempo y recursos extra, y encontrar maneras más inteligentes de administrar esas tareas.

Aunque las listas de cosas por hacer pueden ser muy útiles, la mayoría de la gente no las usa lo suficientemente bien como para que les sirvan. Estos son algunos de los errores más comunes a evitar cuando se trata de utilizarlas.

Cantidad frente a calidad

Mucha gente equipara su valor personal al número de cosas de su lista que son capaces de realizar. ¡Cuánto más mejor! Cuantas más cosas pueda completar cada día, más productivo soy, y por tanto mejor me puedo sentir conmigo mismo. Muchos viven así de manera subconsciente.

No hay nada malo en el deseo de sentirse importante, realizado, o validado. Es una necesidad humana natural. El problema muchas veces es dónde basamos esos sentimientos o como nos "juzgamos" a nosotros mismos. En particular, no es óptimo hacer que la cantidad de tareas completadas sea la base principal de nuestra auto evaluación o validación. Si esa es la forma en que te validas o te evalúas, te estás poniendo en un riesgo alto de acabar agotado y sintiéndote al final poco productivo y mal contigo mismo. Cuando escribes y terminas elementos de tu lista de cosas por hacer, considera siempre la calidad por encima de la cantidad. Si eres un vendedor, ¿Tratarías de poner en tu agenda tantas llamadas a clientes como fuese posible y confiarías en la probabilidad de cerrar ventas, o más bien te centrarías en programar adecuadamente tus contactos de ventas y limitar tus llamadas a aquellas que has identificado como de alta probabilidad?

En términos más prácticos, no te sientas mal si tu lista de cosas por hacer es de tan solo cinco elementos. Si esos elementos pueden aumentar tu productividad personal de forma significativa, entonces es una lista mucho mejor que una con 20 elementos que no tenga mucho impacto en tu productividad personal.

Auto flagelación

También muchos tienden a utilizar la lista de quehaceres como una especie de auto flagelo. ¿Tienes tendencia a hacer una lista muy larga que nunca podrás completar en un solo día? Si no puedes terminar todo lo que hay en tu lista en el mismo día, ¿te sientes mal contigo mismo? Si es así, entonces estás en riesgo de tener fracasos continuos, y fallar cada vez más. Muchos hacen esto porque se ha convertido para ellos en un hábito, y como tal, es algo que es importante romper. Esto es lo que sucede cuando subconscientemente te auto flagelas por medio de tu lista de tareas: malgastas un montón de energía productiva y personal. Siempre que piensas acerca de una tarea particular en tu lista que no has finalizado, te hace sentir débil y desmotivado. Así que si, por ejemplo, tienes una lista de 50 tareas y pasas muchos minutos de cada hora preocupándote acerca de cómo y por qué no has terminado con la tarea número 10, estás malgastando un montón de tu esfuerzo, energía y capacidad mental en ese elemento en particular. Lo que es peor, te sientes mal con respecto a ello y desechas todo lo demás que sí has completado. Esta forma negativa de pensar tiene tendencia a evitar que tu productividad mejore.

<u>Claves para una lista efectiva de cosas por hacer</u>

Aquí tienes algunas ideas bastante simples y fáciles de seguir para ayudarte a sacar el máximo partido de tu lista de quehaceres y para mejorar tu productividad personal.

En primer lugar, mantén la lista simple. Tu lista debería tener, como mucho, 3 elementos. Algunas de las personas más exitosas incluso solo tienen un elemento en su lista cada día. Aquí es donde tu capacidad de centrarte y establecer prioridades resulta útil. Si solo existe una cosa que puedes hacer al día, y que crees que puede mejorar tu productividad personal incluso más ¿cuál sería? Haz que eso sea lo que ocupe el lugar más alto de tu lista.

En segundo lugar, intenta elaborar la lista la noche anterior. Hacer esto ayudará a comenzar tu día con una mente clara y enfocada. Serás capaz de determinar de forma exacta las tareas que tienes que finalizar en un cierto tiempo el día siguiente.

En tercer lugar, intenta terminar el primer elemento de tu lista tan pronto como puedas al día siguiente, mientras todavía estés fresco. Cuando has sido capaz de priorizar efectivamente los elementos de la lista, has de terminar la tarea más crítica antes de pasar a los elementos de menor importancia. Es importante que, en ese caso, seas más proactivo que reactivo. Debes ser capaz en primer lugar de priorizar tus objetivos y a ti mismo de forma efectiva. Esto es algo que comienza cuando eres capaz de terminar la tarea más grande e importante de tu lista de quehaceres antes incluso de pasar a otras tareas menos importantes y de rutina, tales como comprobar tu e-mail o devolver las llamadas. Tienes que ser cuidadoso, porque en esta era de la tecnología hay más distracciones que nunca. Para darte una mejor perspectiva, un estudio reveló que los presidentes de muchas compañías de la lista Fortune 500 solo tienen una media de 28 minutos productivos ininterrumpidos cada día. Así que para tener éxito de verdad, es necesario ser capaz de establecer tus propios límites personales de productividad y priorizar tus objetivos estratégicos.

En cuarto lugar, si encuentras muy difícil o complicado mantener tu lista de cosas por hacer con un máximo de tres elementos solamente, o si encuentras difícil concentrarte en lo que estás haciendo y tu mente da vueltas con frecuencia, es muy recomendable que realices lo que se llama una descarga mental. Cuando se trata de hacer una descarga mental, tómate no más de cinco minutos para escribir todo lo que crees que necesitas terminar para la semana siguiente. Estas cosas pueden ser tanto profesionales como personales. Escríbelo todo para vaciarlo de tu cabeza. Cuando termines, aparta el escrito y recuerda que no se trata de otra lista de quehaceres, sino simplemente una liberación psicológica, un volcado personal de datos. Ten en cuenta de que tu lista de cosas por hacer incluye las tres tareas más importantes que identificaste la noche antes, así que para volverte a concentrar ella, necesitas apartar la lista de descarga mental y olvidarla. Preocuparte solamente malgastará tu energía y tiempo. Una distracción puede ser cualquier cosa, desde una mancha en tu camisa en casa, o simplemente limpiar tu salón o incluso comprar ese regalo de cumpleaños con retraso para tu padre.

Existen momentos que en que ese pequeño elemento de tu lista puede convertirse en un enorme gasto de energía y tiempo, simplemente porque has procrastinado tanto que comienza a convertirse en viejo y molesto. Cuando esto sucede, se convierte en una de las tres más altas prioridades para el día porque, al encargarte del mismo, serás capaz de eliminar toda tu ansiedad y eso te ayudará a concentrarte más en las otras tareas importantes.

Así que deberías preguntarte: ¿Terminar esto que estás tratando de evitar te llevará menos energía de la que gastarías si continuases evitándolo? ¿Existe algo en particular que has estado postergando tanto tiempo que si lo terminas hoy o mañana te liberará de mucho tiempo y energía? Si es así, entonces pon esa tarea en tu lista de pendientes para el día siguiente, y asegúrate de hacerla de verdad.

Hábito no. 5 – Procrastina productivamente

Probablemente esta es la cosa más extraña que hayas escuchado nunca. La mayoría de los gurús de la administración te dirán que *evites* la procrastinación, que perseveres en lo que estás haciendo para ser más eficiente y productivo, y contribuir más. Desafortunadamente, no se dan cuenta de que somos seres humanos, y al ser criaturas que sienten y que se ven impulsadas a tener éxito, necesitamos ser perezosos de vez en cuando y permitirnos respirar y relajarnos.

El problema es que tendemos a hacer esto en el momento equivocado. Además, no diferenciamos entre procrastinación y distracción, y terminamos realizando cosas equivocadas en el momento equivocado. Estar descansando al sol está bien, y, de hecho, es necesario si quieres llevar una vida libre de estrés y disfrutar esos agradables momentos. Sin embargo, distraerse en medio de una reunión con un cliente porque tienes una solicitud de amistad de Facebook es completamente inaceptable, ya que eso te traerá problemas con tu jefe y el cliente.

La procrastinación forma parte de la psique humana. No podemos negar ese hecho, y tratar de forzarnos a vencerla, añade un elemento innecesario de estrés que podríamos evitar. Así que, en lugar de eso, utilicémosla para hacernos más productivos y aceptarla como parte del hecho de ser humanos.

Aquí tienes algunas formas rápidas en las que puedes cambiar tu hábito de procrastinar y convertirlo en un método productivo de trabajo. Síguelas, y tendrás la procrastinación trabajando para ti en lugar de en contra tuyo.

Primero, identifica *por qué* quieres procrastinar. ¿Es porque temes al trabajo? ¿Es porque lo encuentras deprimente o agotador? ¿Es porque sientes que no sabes por dónde empezar? Si conoces la razón para procrastinar, puedes ocuparte de ella con facilidad. Busca a un amigo que te eche una mano si tienes temor, o habla con alguien que pueda ayudarte a superar tus miedos. Si es un trabajo deprimente, entonces programa algún tiempo de diversión después, de forma que puedas mirar hacia delante al momento en que lo hayas terminado. Si es agotador, encuentra a alguien que te ayude de forma que no te agote tanto. Averiguar el por qué es el primer paso para superar tu parálisis.

Aunque suena como una forma de librarte de tu hábito a procrastinar, no lo es en realidad. Averiguar por qué no quieres hacer algo solo aclara las cosas; no resuelve el problema y no elimina en realidad lo que acaba siendo un estilo de vida para algunos. Algo de lo que no nos damos cuenta a veces, es que procrastinar nos ayuda a aliviar el estrés. Esencialmente, lo que necesitas hacer es impulsar tu hábito de procrastinar hacia ese objetivo.

Esta primera identificación de por qué no quieres hacer algo es para aquellas tareas que son urgentes *e* importantes, y que *hay* que completar. Son esenciales, y no realizarlas tendrá serias consecuencias. Pero la regla número dos para procrastinar productivamente es *abandonar* lo que puedas. Esto no es tan descabellado como suena; no me refiero a que tires por la ventana tu responsabilidad. Lo que estoy diciendo es que abordes cada trabajo desde todos los ángulos y consideres qué sucedería si no lo haces en absoluto.

De nuevo, la lista de cosas por hacer entra en juego. Dale un segundo vistazo a tu lista. ¿Qué sucedería si no haces ese trabajo en absoluto? O incluso mejor ¿existe alguien que pueda hacerlo por ti? Elimínalo o táchalo de tu lista. A riesgo de sonar como un loro, delega y prioriza, de forma que puedas tener tiempo de no hacer nada y tumbarte al sol como necesitas. Si acabas viendo que es algo esencial que *necesitas* hacer, siempre puedes añadirlo más tarde.

Bloquea las molestas distracciones. No importa lo divertido que pueda sonar pasar tiempo en Facebook, en realidad solo es una pérdida de tu tiempo. No estoy diciendo que no pases tiempo haciendo lo que te divierte.Hazlo, y, de hecho, diviértete haciéndolo. Pero cuando tienes que trabajar, no puedes permitir que te distraiga. En lugar de eso, deja que sea una recompensa; por cada fichero que acabes de revisar, o cada tarea que odias hacer y que has conseguido terminar, ve y dale un toque a un amigo en Facebook o comprueba la cola de Twitter.

Y, finalmente, haz solo aquello que *tengas* que hacer. Decide hoy que solamente harás los trabajos más urgentes. Pasa el resto del día haciendo algo que disfrutes, como leer un libro, ver una película, o salir con los amigos. No respondas ninguna llamada, no tomes más trabajo, y no te preocupes acerca de lo que tu jefe vaya a decir. En vez de eso, concéntrate en regalarte un bien merecido descanso, de forma que puedas recargar y volver al trabajo mañana con el doble de energía.

Hábito no. 6- No trabajes más duro, sino de forma más inteligente

Muchas veces la gente se lamenta de que no importa lo duro que trabajen, no parece irles bien. Aunque suene injusto, el trabajo duro no es suficiente; para tener éxito se requiere trabajar de manera inteligente. Sí, lo has leído bien. El trabajo duro no produce tantos frutos como el trabajo inteligente.

Desde que somos niños, se nos martillea en la cabeza con la idea de que tenemos que trabajar duro y empujarnos hasta los límites para conseguir ser personas exitosas. Cuantas más horas inviertas, cuanto mejor estudies, mejor será tu titulación y así continúa el ciclo. Desafortunadamente, el trabajo duro no implica necesariamente un buen trabajo o un trabajo inteligente. En ocasiones, el simplemente ser inteligente puede lograr que obtengas ese grado extra que necesitas; puede mostrarte en una luz positiva a ojos de tu jefe y darte ese extra de navidad que quieres.

No estoy restando valor al trabajo duro, es una fórmula probada por el tiempo. Cuanto más duro trabajes, sin duda, mejores son los resultados. Pero el mundo y el entorno harán que te agotes antes de que ellos queden satisfechos. Eso no es trabajo duro en el sentido que debería serlo. Ser inteligente significa que sabes cuánto puedes soportar y tomas solo aquello en lo que destacas. Significa conocer tus límites y dar tu mejor esfuerzo. Cuando trabajas duro y de forma inteligente, eres diez veces más eficiente, más productivo y más efectivo de lo que eras antes.

Pero el término es un poco vago ¿verdad? Aquí tienes algunas cosas rápidas que puedes hacer para trabajar de forma inteligente. Puede que varias suenen repetitivas (quizás por los puntos mencionados antes), pero son importantes, y demuestran ser una forma segura de ayudarte a equilibrar el tiempo de que dispones.

- Aclara tu objetivo. Si ni siquiera *sabes* hacia dónde estás trabajando ¿cómo esperas lograrlo? Asegúrate de que sabes cuál es el fin, y persíguelo. Aquellos que no tienen ni idea de cuál es su meta, son personas que resbalan, que juguetean y pierden el tiempo en tareas inútiles que no son importantes a la hora de conseguir sus objetivos.
- Toma la ruta del 80/20. Una vez más, se trata de procrastinar de manera productiva. Hay muchas formas de lograr tus objetivos. Piensa un rato acerca de ello, y luego escoge la manera que conlleve menor esfuerzo pero te dé el máximo resultado. No es necesario que llegues a tu destino por fuerza bruta; encuentra una solución más elegante en la que tu cerebro haga más trabajo que tu cuerpo.
- Ve directamente hacia las tareas de mayor impacto. De nuevo, esto se retrotrae a la lista de prioridades urgentes/importantes. Cuando estás

persiguiendo un objetivo en particular, salta directamente a aquellas tareas que tendrán un impacto enorme al finalizarlas de manera rápida y más eficiente. No malgastes tu tiempo haciendo cosas pequeñas; delega a alguien y céntrate en los trabajos que estén a la altura de tus cualidades.

- La extensión de esa idea es que dejes a tu perfeccionista interno descansar un poco. Ser perfeccionista puede ser algo muy desagradable a veces; tener ese ojo por el detalle es bueno normalmente, pero en ocasiones te deja agotado y enfadado si las cosas no van de la manera en que planeaste. En momentos como esos, has de dar un paso atrás y tener una visión de conjunto. Deja de obsesionarte con detalles minúsculos; completa primero el grueso del trabajo, y luego haz ajustes finos.
- No trates de innovar siempre. Existe demasiada exageración acerca de ser innovador y creativo. Por supuesto, es importante serlo, y asegurarse de

generar nuevas ideas que sean creativas y puedan resolver problemas. Pero, al mismo tiempo, recuerda: no tienes por qué ser innovador a toda hora. Si se puede utilizar de nuevo una solución que ya ha sido probada por la experiencia, si eso ahorra tiempo, adelante. No enredes con lo que funciona, solamente te estresarás con trabajo adicional y complicaciones innecesarias que podrías haber evitado si no hubieses tomado el camino difícil. Está bien si te lo tomas con calma alguna vez que otra.

- Automatizar resulta muy buena idea. ¿Recuerdas cómo hablamos de dejar que tu contestador respondiese tus llamadas? Las máquinas fueron creadas para hacernos las cosas más fáciles, así que ¡deja que así sea! Establece filtros y aplicaciones funcionales que faciliten las cosas, como marcar un contacto particularmente molesto como spam y que no te moleste con sus e-mails.
- Para cuando estés cansado. Esta es una de las reglas cardinales de trabajar de

forma inteligente. El trabajo duro no significa que tengas que seguir hasta morirte; sé lo suficientemente inteligente para saber que, si estás cansado, cometerás errores y eso supondrá el doble de trabajo mañana, al tener que deshacer los errores cometidos y luego volver a hacer todo de nuevo. Eso no es fácil, y supone el doble de trabajo. Es mejor que des un paso atrás y descanses. El trabajo no se va a marchar, y unas cuantas horas de trabajo no te van a retrasar tanto.

- La última parte y más importante es revisar con frecuencia. Aparta un poco de tiempo cada semana para sentarte y revisar el trabajo que has realizado. Mira dónde te has equivocado y dónde has acertado. Intenta verlo desde una perspectiva diferente; observa si había otras formas en que pudieses haberlo hecho de manera más eficiente, o si existía una manera más fácil de hacer las cosas. Comprueba lo que funciona y lo que no; mantén lo último, y desecha lo otro.

El hacer todas estas cosas te convertirá en un trabajador tanto duro como inteligente. Trabajar de manera inteligente ahorra tiempo, haciéndote más productivo y eficiente. Si puedes encontrar una manera fácil de hacer las cosas, no es algo que esté mal moralmente y hace que todo sea más rápido y mejor para todos, ¿por qué no habrías de emplear esa técnica? No tengas miedo de probar cosas nuevas, ¡de eso se trata la vida!

<u>Lectura rápida</u>

Quiero que pienses en la cantidad de material que lees diariamente. Puede ser una revista, un periódico o sus versiones online. Podría incluir todos tus e-mails, los que necesitas leer diariamente solo para estar al día de lo que sucede en tu trabajo y en tu vida personal, incluyendo aquellos que han estado esperando en tu bandeja de entrada durante semanas. Podría ser también tu libro favorito, ya sea impreso o no, que lees bien para relajarte o por divertirte. Además puede incluir los distintos informes y datos que has de revisar cada día solo para hacer tu trabajo correctamente.

Una parte muy importante de la productividad personal es la capacidad para adquirir nuevas habilidades o aprender cosas nuevas. Y, cuando se trata de eso, leer es definitivamente una de las mejores formas en las que puedes aprender cosas nuevas y adquirir nuevas habilidades. Sin embargo, leer no es tan simple como todos pensamos que es. En el frenético entorno social y laboral de hoy día, existe tanta información a nuestro alrededor que necesitas procesarla sin tener el beneficio de un aumento del tiempo asignado para ello. Si no puedes añadir más tiempo para leer, tendrás que compensarlo siendo capaz de leer mucho más rápido.

Dado que la lectura es una habilidad muy simple y común que la mayoría de la gente posee, a menudo se da por garantizada de tal forma que solo unas pocas personas saben realmente cómo funciona. Por ejemplo, ¿sabes cómo lees las cosas en el sentido de que eres capaz de interpretar cada letra y combinación, ya sea para comunicarte o entender ideas? Ahora ¿entiendes por qué leer no es tan fácil o simple como pensaste que es? Del mismo modo, ¿sabes que leer más rápido no es tan simple como, bueno, aumentar la velocidad a la que lees cosas?

La lectura rápida es una habilidad que es muy importante dominar, especialmente cuando se trata de la productividad personal, porque es una de las mejores formas de aumentar la capacidad para aprender cosas nuevas y adquirir nuevas capacidades. Y, tal y como he mencionado antes, tu productividad personal es altamente dependiente de tu capacidad para aprender cosas y habilidades nuevas. Si no puedes hacer eso, tu productividad personal podría estancarse, o peor aún, verse deteriorada.

Cuando se trata de la lectura rápida, es importante distinguir entre las situaciones donde es ideal utilizarla y aquellas en las que puede ser perjudicial. Por ejemplo, la lectura rápida no es adecuada cuando estás examinando o leyendo documentos legales, porque estos requieren que seas capaz de darte cuenta y procesar cada pequeño detalle. Si te pierdes esos detalles, podría suponer la diferencia entre estar en la línea de la ley o violarla. Y ya sabes lo costoso que puede ser traspasar la línea de la legalidad.

<u>Malos hábitos de lectura</u>

Una de las mayores razones para la incapacidad de leer rápido y de forma efectiva son los malos hábitos de lectura. Lo que es peor, estos hábitos pueden ser tan sutiles y poco evidentes que la mayoría de la gente, incluyendo tú, pueden no darse cuenta de que estos ahogan la capacidad de leer rápido de forma efectiva. Sin embargo, las buenas noticias es que puedes aprender que esos hábitos pueden corregirse de manera que mejores significativamente tu velocidad de lectura actual. Cuando entiendes cómo estos evitan que leas rápido de manera efectiva, te pones en posición de mejorar tu velocidad de lectura.

El primer mal hábito del que puedes ser culpable se llama subvocalización. Cuando subvocalizas, tiendes a pronunciar cada una de las palabras que lees en tu mente. Adivino que mientras lees esto, estás escuchándote a ti mismo decir cada una de las palabras de esta frase. ¿Estoy en lo cierto?

Puedes estarte preguntando por qué este hábito es malo en términos de alcanzar velocidad de lectura. La razón es que cuando te escuchas leer las palabras mentalmente, tu ritmo de lectura se ralentiza igual que si las estuvieses leyendo en voz alta. En otras palabras, no hay diferencia entre leer algo en silencio en tu mente o leerlo de forma audible, al menos en términos de velocidad de lectura. Esto es porque tu mente puede leer significativamente más rápido que tus labios y, cuando subvocalizas, estás limitando el ritmo de lectura de tu mente al de tus labios.

Así pues, ¿Cómo apagas esa voz de lectura que escuchas dentro de tu cabeza? Primero, necesitas reconocer o admitir que eres culpable de subvocalizar. Solo cuando seas capaz de hacer eso podrás silenciar conscientemente esa voz que lee mentalmente. De hecho, no existe ninguna fórmula secreta o ritual místico que te permita silenciar esa voz. Todo lo que necesitas hacer es leer tan rápido como puedas mentalmente mientras mantienes esa voz callada. No será fácil al principio, especialmente si es un hábito desde hace mucho. Pero con la suficiente práctica, puedes silenciar con éxito esa voz mental y detener la subvocalización, y, al hacerlo, podrás leer mucho más rápido.

Otro mal hábito de lectura relacionado con la subvocalización es leer cada una de las palabras separadamente. Lo que esto quiere decir, es que puedes estar leyendo este material palabra a palabra en lugar de leer grupos de palabras o frases. Por ejemplo, podrías estar leyendo las palabras "Yo te amo" como:

Yo

Te

Amo

en lugar de leer "yo te amo" en un solo bloque. La mayoría lee de esta forma porque, hablando con franqueza, a todos nos enseñaron en preescolar a leer palabra por palabra. En aquel entonces, tenía sentido porque nuestro nivel de lectura y comprensión no estaban desarrollados, y, por tanto, nuestros profesores necesitaban enfatizar cada una de las palabras de forma que pudiésemos entenderlas, así como las frases en las que se utilizaban. El único problema es que cuando maduramos en nuestra capacidad para leer materiales, nadie nos dijo que debíamos cambiar la técnica de lectura palabra a palabra. A causa de esto, se ha convertido en un hábito de lectura enraizado para la mayoría de nosotros.

Para minimizar esto, desarrolla el hábito de leer en bloques de palabras con uno o dos movimientos oculares en lugar de arrastrarte por las líneas de texto palabra por palabra. La lectura en bloques es una de las formas más efectivas de leer mejor y más rápido.

Finalmente, tu tendencia a retroceder con frecuencia a lo que acabas de leer es otro obstáculo a tu capacidad de leer más rápido. A esto también se le conoce como regresión. Aunque puede ser útil volver atrás de vez en cuando a las cosas que ya has leído pero no entendiste realmente, hacerlo con frecuencia (casi cada vez) puede ser muy contraproducente. Esto es así porque volver atrás interrumpe el flujo de lectura, haciendo que sea más difícil entender la estructura global del texto. Más que solo ralentizarte, también obstaculiza tu capacidad para entender con claridad el material que estás leyendo.

¿Cómo solucionas esto? Una buena forma de hacerlo es utilizar un dispositivo apuntador como un lápiz, bolígrafo, punto de lectura o incluso tu dedo para recorrer los puntos de parada de las líneas de texto que estás leyendo, sirviéndote como guía. Esto proporciona a tus ojos algo que seguir, y minimiza o reduce tu tendencia a la regresión.

Capítulo 2 – Realizando cambios en el estilo de vida

Nuestras vidas están tan llenas de cosas que, muy a menudo, nos olvidamos de cuidarnos nosotros mismos. Uno de los aspectos más importantes de la administración del tiempo es mantenerte saludable. Obviamente, cuanto más sano estés, más productivo puedes ser, y la buena salud no es algo que venga de forma automática, sino que implica realizar cambios en el estilo de vida que ayuden a obtener más tiempo para hacer todo lo que necesitas y también relajarte y disfrutar del momento.

Una de las cosas que implica ser humano es escuchar las necesidades de tu cuerpo. Sabes cuándo tu cuerpo duele. Sabes cuando está cansado. También sabes cuándo necesita divertirse. Es necesario que lo escuches un poco más. Si necesitas irte más temprano a la cama para conseguir el sueño suficiente, eso no te convierte en un aguafiestas. Tu cuerpo te lo está diciendo por una buena razón.

Necesitas relajarte y dejar que tu cuerpo y tu mente se sanen del día de trabajo. Durante el sueño, todas las endorfinas se equilibran y te levantas con más energía de manera que el día siguiente eres capaz de hacer lo que queda por delante.

Escucha al reloj de tu cuerpo.

Tu reloj corporal te dice cuándo estás cansado y cuándo no. Te da información acerca del momento en que tienes que comer, cuándo tienes que levantarte, y cuándo irte a la cama. Es instintivo y deberías escucharlo. Si necesitas dormir, deberías hacerlo, porque tu cuerpo no puede funcionar de manera óptima cuando estás demasiado cansado.

Los seres humanos reciben la mayor oportunidad por la mañana. La mente está fresca y es capaz de abordar las tareas complejas. Por tanto, es necesario fijar la atención en esos trabajos que son complejos y realizarlos en la mañana. Ese es el momento del día en el que tu mente está preparada, así que asegúrate de que cuando llegas al trabajo utilices ese tiempo para realizar las tareas que dejaste a un lado el día anterior. Hazlas primero mientras tu mente está activa y fresca y liberarás mucho tiempo para después, cuando el cerebro esté más cansado. Este es el momento en que podemos ser más dinámicos. Utiliza las mañanas siempre para deshacerte de las obligaciones. Si necesitas limpiar la casa, utiliza la mañana porque lo harás más rápido, liberando tiempo para después hacer cosas mucho más disfrutables.

Así que obviamente, el primer cambio de estilo de vida que has de realizar para conseguir esas mañanas llenas de energía y diversión, es asegurarte de que duermes.

Hábito No. 7 – Duerme lo suficiente

Puede que no te des cuenta de esto, pero si no duermes lo suficiente, no tienes ninguna posibilidad de conseguir realizar a tiempo lo que necesitas hacer al día siguiente.El cuerpo no es una máquina. La naturaleza lo hizo de forma que reacciona a las actividades que realizas como parte de tu rutina regular. El sueño es el elemento más esencial porque es el tiempo que tiene el cuerpo para relajarse de manera que puedas trabajar de forma óptima el día siguiente. El problema con muchos profesionales es que trabajan

hasta demasiado tarde, y no se permiten el tiempo que necesitan para descansar y relajarse.

Necesitas dormir unas buenas 8 horas si quieres funcionar bien por la mañana. La mayoría de las veces, la gente que no duerme la cantidad de tiempo que necesitan, se sienten lentos, perezosos y cansados. Tu capacidad de atención es menor y tienes problemas para centrarte;

tu mente zumba y no puedes agarrarte a ninguna línea de pensamiento durante más de unos pocos minutos. Y la mayoría de la gente encuentra una solución rápida: la cafeína.

No quiero decir que el café sea una mala idea; de hecho, la cafeína es un estimulante excelente que tiene ciertos beneficios para la salud. Pero si vas a utilizar cafeína (y, por extensión, azúcar para aquellos que necesitan que su café esté suave y dulce) para compensar tu falta de sueño, solo vas a empeorar las cosas, ya que aunque te proporcione una agradable subida de energía para ayudarte a sobrellevar la reunión de la junta, empeora las cosas. Cuando colapses, lo harás con dureza. Cualquier cosa en exceso no es buena, y lo que tu cuerpo necesita es sueño, no un exceso de estimulantes.

De igual importancia es la *hora* a la que duermes. Mucha gente dice que las siestas cortas en la tarde ayudan. Esto es muy cierto: las siestas cortas de quince minutos entre reuniones o durante el descanso para el café son buena idea si estás bajo de fuerzas. Pero esas siestas no pueden reemplazar a un descanso adecuado, que te permite no solo desconectar, sino eliminar el cansancio de todos tus miembros y reposar tu cuerpo, que ha estado trabajando sin descanso durante mucho tiempo. De manera similar al café, las siestas pueden darte un impulso extra, pero no pueden sustituir a una buena noche de sueño. Existe un reloj biológico que hace que en la noche se produzcan ciertas reacciones en tu cuerpo que son necesarias para funcionar bien.

Las horas de la mañana son más productivas que las de la tarde, y hay una razón de peso para ello. Tus baterías están recargadas y eres mucho más capaz de lograr cosas en la mañana. Al mediodía comienzas a volverte lento, y por la tarde ya estás exhausto si no duermes lo suficiente. Tu rendimiento depende de estar en un nivel óptimo de atención, y tener suficiente sueño te permite ese lujo. Dormir bien tiene muchos beneficios, y algunos de ellos son:

- Dormir agudiza tu capacidad de

atención. La lógica es muy simple: tu cerebro está descansado, lo que significa que deja de estar torpe y está preparado para rodar.

- Tu memoria se ve mejorada. No es solo que la lentitud se desvanece cuando estás bien descansado, sino que tu capacidad para retener y recordar cosas se vuelve mucho mejor. Hay un proceso que se llama "consolidación" que toma lugar cuando estás dormido; tu cerebro procesa la información que has introducido y la almacena de manera que tengas una mayor retentiva y atención.
- El cerebro no solo consolida tus recuerdos y los hace más fuertes, sino que la investigación muestra que también los reorganiza y reestructura. También existe evidencia de que los componentes emocionales de la memoria se ven fortalecidos durante el sueño, lo que significa que te despiertas sintiéndote bien y feliz, y a veces incluso creativo. Las ideas brotan de tu cabeza, y comienzas a buscar

soluciones nuevas y diferentes a los problemas.

- Obviamente, tener un buen sueño de noche significa que tu fatiga a lo largo del día deja de ser un problema. Tu cuerpo necesita ese tiempo para descansar y relajarse, sin importar cuánto quieras negar ese hecho. Si no obtiene el sueño que necesita, acabas colapsando en mitad de las horas de oficina, lo cual empeora tu situación.
- ¿Sabías que un tiempo adecuado en la cama puede reducir tu riesgo de obesidad? Las investigaciones han mostrado que puedes perder más peso cuando tus patrones de sueño están bien establecidos. Cuanta mayor sea la carencia de sueño, más es la ganancia de peso. Hay mucha química involucrada en este proceso, y puedes buscarlo o consultarlo con tu dietista. Basta con decir que la ciencia ha comprobado que, cuanto mejor duermes, mejor es tu composición corporal.
- Otra cosa obvia es que el sueño reduce

los niveles de estrés. Un estrés más bajo significa un mejor control de tu presión sanguínea, y por tanto reduce los riesgos de problemas cardiovasculares. Además existe una escuela de pensamiento que cree que el sueño afecta tus niveles de colesterol, lo cual, de nuevo, es un punto a favor.

- La mejor parte: ¡evita estar irritable! No se puede negar que, cuando estás bien descansado, tienes más paciencia para lidiar con los problemas en lugar de gritar a tus compañeros de trabajo, ¡y eso siempre es mejor opción!

¿No es bastante obvio que cuanto mejor duermes mejor es tu día? ¡Acabas viendo que puedes conseguir realizar más cosas en el día de las que esperabas! Tu productividad aumenta, tu estado de ánimo mejora, así que ¡es una situación en la que sales ganando de manera general!

Hábito No. 8 – Arregla tus hábitos dietéticos

Las personas que están tratando de

administrar su tiempo han de comer alimentos saludables. Si llenas tu cuerpo de carbohidratos, no puedes culparlo por cansarte a mitad del día. Los carbohidratos son buenos para la salud con moderación; también te hacen sentir lento y adormilado. Otro enorme problema con muchos profesionales es la obsesión con la comida rápida. Es más fácil parar un momento en el McDonald's o el KFC para conseguir ese pollo grasiento y rápido y marcharse, en lugar de ir a casa y hacer la comida. La comida para llevar puede ser buena idea de vez en cuando, pero los beneficios de una comida cocinada en casa son innegables.

No tomes la opción de la comida rápida y grasienta. Reduce esas pizzas y hamburguesas con queso, y, en lugar de eso, cómete una ensalada. No es una opción muy sabrosa, lo sé, pero la puedes hacer un poco más apetecible a tus papilas gustativas añadiendo un poco de mayonesa y vinagre, y ¡voila! Incluso puedes hacer que los vegetales crudos sin cocinar sepan deliciosos. Tómate el tiempo de cocinar; puede ser una actividad relajante ¡y es posible que convenzas a la familia y los amigos para unirse y que se convierta también en algo divertido! Recuerda sin embargo que la idea no es estresarse acerca de lo *bien* que algo está cocinado, o hacerlo exactamente como marca la receta. Simplemente quieres algo saludable, que no sea grasiento, y que sea agradable de comer.

A esto se añade la idea de tener horas de comida correctas. Muchas veces, la necesidad de cumplir con un plazo de entrega o de realizar un cliente significa que acabamos saltándonos el desayuno u olvidando el almuerzo. Hacer esto una o dos veces está bien, somos humanos, y a veces suceden cosas malas. Pero saltarse comidas de forma consistente es mala idea: vas a perder energía y terminarás compensando por la falta de alimento comiendo de más. Levántate temprano para que no llegues tarde, y de esa forma podrás tomar un desayuno saludable. No es por nada que los nutricionistas dicen que el desayuno es la comida más importante del día, es literalmente deshacer el ayuno. No has comido durante más de 8 horas, ya que es aconsejable no comer dos horas antes de irte a la cama. Tu cuerpo necesita una nutrición adecuada, y es por eso que necesitas un desayuno bueno y saludable. Los cereales están bien, pero añade algo de fruta y zumo. Habla con tu dietista y pon a funcionar un buen plan.

Si puedes, cocina tu almuerzo; si no puedes, come fuera, pero no te saltes comidas. Y no pases 3-4 horas entre una comida y otra. Si no puedes llegar a la hora de la comida, mordisquea algo a mitad del día de forma que tu estómago no esté completamente vacío. Sin embargo, que siga siendo algo saludable, como palitos de zanahoria o un par de rodajas de pepino con un ligero toque de sal.

Elimina los refrescos. Añaden azúcar y te dejan intoxicado. Bebe agua en su lugar. Tu cuerpo ama el agua, y un cuerpo bien hidratado tiene más energía y es más saludable y capaz de trabajar más. Tu dieta debería consistir solo en alternativas saludables.

El desayuno te ayudará a ganar energía para la mañana, la cual, como ya se dijo antes, es tu hora más productiva. El almuerzo debería ser relativamente ligero donde trabajas, porque no podemos funcionar a un nivel óptimo si estamos llenos de comida que resulta pesada por la tarde. Y recuerda, cenar antes de que se ponga el sol es aconsejable, ya que has de dar un tiempo a tu sistema digestivo al menos de dos horas, para procesar la comida antes de que te vayas a la cama.

He aquí algunos consejos rápidos para comer de forma saludable:

- Come alimentos con bajo índice glucémico. Son bajos en carbohidratos y grasas, y altos en proteínas, así que te proporcionan una mayor energía. Además toma más tiempo digerirlos, lo que significa que puedes permitirte esa hora extra mirando archivos de clientes antes de hacer una pausa para el almuerzo.
- No comas hasta estar rebosando. Un estómago lleno equivale a una mente

torpe y adormilada; te deja un sentimiento de letargo y cansancio que te incapacita para trabajar. Para cuando estés lleno al 80% de tu capacidad; eso es más que suficiente para darte la nutrición y energía que necesitas para sobrellevar el día.

- Come a intervalos regulares y modera tu consumo de grasas y azúcares. Como dije, aunque el azúcar añadido puede darte un empujón para las dos próximas horas, solo conduce a un fuerte colapso. Además la exposición prolongada al azúcar significa que te vuelves adicto, y eso conduce a todo tipo de problemas que van desde la obesidad a la diabetes, pasando por enfermedades cardiovasculares.
- No vayas a hacer la compra cuando estés hambriento. Si lo haces te verás tentado a añadir aquellos alimentos por los que sientes ansiedad, que no son exactamente los más saludables. Haz la compra con una lista de forma que sepas lo que vas a comer.

Pudiera parecer que todo esto no se aplica

a la administración del tiempo, pero ciertamente es muy relevante. Una vez más, es lógica simple: todas estas cosas (buena comida, buen descanso y un estilo de vida saludable en general) significan aumentos en la productividad. Si has dormido bien, repentinamente tienes esa onda mental que resuelve la gran crisis de trabajo por la que te has estado preocupando durante una semana. Si comes bien, ¡tu estómago no rugirá en medio de la reunión con ese gran cliente de millones de dólares!

Cuanto más saludable seas, menos caerás enfermo y menor será el número de visitas al doctor. Esto no solo te da más tiempo para ser productivo, sino que también asegura que esas grandes facturas médicas no hacen un agujero en tu bolsillo.

Hábito No. 9 – Controla tus niveles de estrés

Las personas que no administran bien su tiempo tienen altos niveles de estrés. Y la gente que se estresa toma malas decisiones que les llevan a una administración del tiempo peor aún, dejándoles en un ciclo tóxico en el que siguen tratando de tener éxito y fracasando. Romper este hábito te tomará un tiempo. ¡Mucha gente ni siquiera *sabe* que están estresados! Estas son algunas formas rápidas de identificar si estás estresado:

- Tienes cambios de humor y estás irritable
- Tienes poca memoria y concentración
- Estás solo o deprimido
- Con frecuencia te sientes con nauseas o mareado
- Observas que estás ganando peso (esto se debe a la producción excesiva de la hormona del estrés, el cortisol)

Estos son algunos síntomas muy reales que indican que estás estresado. Cuando lo estás, encuentras que tomas decisiones ilógicas e irracionales, y que tu juicio se empobrece, en su mayor parte debido a la falta de concentración. Obviamente, esto no es algo muy deseable en el lugar de trabajo. Y se vuelve aún peor en casa, cuando tu pobre familia, que no sospecha nada, tiene que soportar la mayor parte de tu frustración. Es un círculo tóxico, que se vuelve muy difícil de romper.

Para ser más productivo, más eficiente, y administrar mejor tu tiempo, necesitas reducir tus niveles de estrés. Es más fácil de decir que de hacer, pero puede suceder si te esfuerzas un poco. Estas son algunas cosas rápidas que puedes hacer para reducir tu estrés.

Primero, practica una metodología de pensamiento racional. La mayoría de las veces tenemos tendencia al pánico cuando nos encontramos con problemas. Nos centramos en el problema en sí mismo, y nos volvemos locos tratando de averiguar por qué y cómo sucedió. Aunque no estoy negando que es importante conocer estas cosas (especialmente si quieres evitar que pasen de nuevo), eso no es tan importante como *resolver* el problema. Puedes desmenuzarlo, examinarlo, y jugar a echar la culpa después. En lo que necesitas centrarte en este momento inmediato es en ser racional y buscar una solución.

No pienses las cosas demasiado, ni te

eches la culpa por problemas que no son culpa tuya. La racionalidad mira lo que *has* hecho, lo que *podrías* haber hecho y lo que *deberías* hacer para evitar que algo similar suceda de nuevo.

También puedes escribir un diario del estrés. Durante una semana, lleva ese pequeño cuaderno negro y anota todas las cosas que te estresan a lo largo del día. Puede ser cualquier cosa, desde los niños llegando tarde a la escuela a tu jefe gritándote por un desempeño deficiente. Apúntalo sin dudar y luego, al final de la semana, siéntate y analiza la lista de agentes de estrés. Encontrarás que encajan todos en un patrón único para ti; ciertas situaciones te estresan más que otras. Averigua cuáles son aquellas que están arruinando tu paz mental. Una vez que seas consciente del problema piensa en la solución. Comienza a encargarte de cada elemento de estrés uno por uno.

Una de las mejores formas de romperlo es entrenar. Ejercitarse no significa que tienes que entrenar como un maníaco, sino apartarte de las cosas y dar un paseo a algún lugar en que estés rodeado por la naturaleza. Por supuesto, cualquier estilo de vida saludable incluye una rutina diaria de 30 minutos de ejercicio para mantenerte bien en forma. ¿Qué mejor forma de liberarse del estrés que andar en la cinta o golpear ese saco de boxeo tanto tiempo como lo necesites?

Cuando te ejercitas, tu cuerpo libera unos químicos llamados endorfinas. Su primera función es inhibir la transmisión de las señales de dolor; también producen un sentimiento de euforia que te hace sentir muy feliz. Así que la próxima vez que te sientas estresado por los gritos de tu jefe, simplemente imagina su cara en el saco de boxeo y dale puñetazos. Te sorprenderás de lo bien que te sientes y de cómo puedes manejarlo de una forma mucho más positiva.

Aprende a apreciar las cosas más simples de la vida. ¡A veces tienes que detenerte a oler las rosas! Cada vez que un pensamiento de estrés pasa por tu mente, mira por la ventana y disfruta de la forma en que los árboles se mecen con la brisa.

Da un paseo por la carretera; el aire fresco del campo, o incluso del parque en la ciudad, te da la oportunidad de librarte de ese estrés. Si no tienes mucho tiempo, toma tu sándwich a la hora de comer y vete al parque en lugar de sentarte sobre el escritorio tratando de comer y trabajar al mismo tiempo. Todo lo que logras con eso es una indigestión que se sumará a tus niveles de estrés

Prueba también la meditación. La meditación no es tan difícil como suena. Encuentra un lugar tranquilo y concentra tu atención en un objeto en esa zona, mientras te sientas cómodamente. Busca un lugar en el que no te vayas a distraer y nadie te vaya a molestar. Concéntrate en ese objeto y sé consciente de tu respiración a través de la nariz. Luego espira por la boca, sintiendo cada pequeña porción de esa respiración. Si encuentras que esto no funciona para ti, cierra tus ojos y elimina todo estímulo externo y haz lo mismo. Esto ayuda a energizarte y podrás volver a tu trabajo sintiéndote mucho menos estresado y siendo más capaz de encontrar soluciones.

Puedes practicar la respiración estomacal. ¿No has notado nunca que cuando estás estresado o furioso, tienes tendencia a respirar rápido y jadear? Cuando lo haces, estás realizando una respiración *clavicular* o *esternal*, en la que respiras principalmente con la parte alta del pecho y los pulmones. Es una respiración ligera e insuficiente, y reduce la cantidad de oxígeno que absorbes. Por tanto, tu cerebro tiene un menor suministro de oxígeno también. ¡El estrés *hace* que te vuelvas irracional!

La mayoría de las personas, cuando respiran con normalidad, utilizan los músculos intercostales del pecho para tomar y expulsar el aire. Pero no se dan cuenta de que la respiración adecuada, conocida como "respiración estomacal", se realiza utilizando el diafragma. En ella respiras con una profundidad suficiente como para notar que el diafragma se expande y se contrae. Este tipo de respiración te relaja, fuerza a que entre más oxígeno en tu cuerpo, y, por tanto, implica una mente que funcionará mejor. Necesitas ser capaz de relajarte, ¡y esto desde luego te ayudará a hacerlo!

También puedes tratar de practicar *yoga*. Lo mejor es que cualquier rutina de *yoga* incluye apartar un tiempo para la meditación; de esa manera haces ambas cosas al mismo tiempo y también obtienes tu dosis obligatoria de ejercicio diario. Practica el *pranayama*, que se refiere a las técnicas básicas de respiración en *yoga*. Existen muchos tipos diferentes de *pranayama*; puedes buscar a un instructor que te enseñe todos ellos. El tipo más básico, sin embargo, lo puedes practicar por ti mismo. Es el mejor liberador de estrés que existe. Inspira por un solo orificio hasta la cuenta de siete, aguanta hasta siete, y luego espira por el otro orificio para una última cuenta de siete. Repite esto durante al menos 10 minutos al día, preferiblemente temprano por la mañana, de forma que el aire que respires sea puro y sin contaminación. Aumenta la cuenta de siete de forma gradual conforme ganes más resistencia.

Recuerda mantener tus ojos cerrados y el cuerpo relajado cuando hagas esto. Imagina que estás sentado en medio de la brisa fresca y rizada de la mañana, respirando profundamente, sin que nadie te moleste salvo el trinar de los pájaros que rompe el silencio natural. ¡No es sorprendente que esto elimine el estrés! Trata de no pensar demasiado cuando hagas esto; solo permítete flotar en el ambiente y existir. De hecho, las dos primeras veces que lo haces, ¡incluso puede que te sientas somnoliento! Así de relajante puede ser.

Otra causa que provoca estrés y te hace perder tiempo es estar desorganizado. Ordena el desorden. Si tu vida es un caos, es muy difícil que tu administración del tiempo sea mejor. El problema es no estar en el lugar correcto en el tiempo adecuado. Es una cuestión de poder encontrar las cosas. Por ejemplo, puede ser que por la mañana temprano hayas tenido solo dos horas de sueño y no puedas encontrar ese traje de negocios que necesitas rápidamente. Eso te hace propenso a estresarte y comenzar el día con una nota de desgracia para ti y todos los que te rodean. Organiza tu hogar, que la casa esté ordenada y los armarios limpios. Quita el desorden de tu vida, porque este se está interponiendo en el tiempo productivo o de diversión. Con tu escritorio sucede lo mismo. Límpialo al final del día para que te reciba con algo de orden al día siguiente. Esto aumentará tu tiempo productivo y reducirá el tiempo en que no lo eres. No acabes buscando frenéticamente algo que no está ahí. Mantenerte a ti mismo y tus alrededores bien organizados significará que tu día va sobre ruedas y encontrarás tiempo para hacer todo lo que tienes planeado. Si, por otra parte, te pasas la mitad del día buscando ese archivo de clientes, entonces, ¿cómo vas a cumplir todo lo que está en tu lista de tareas?

Y la forma más importante de librarte del estrés: *¡Diviértete!* En realidad depende de ti cuanta diversión y felicidad logras encajar en tu vida, pero has de recordar que, si estás presionado con el tiempo, necesitas programar tiempo de diversión en tu día. Esto no va a suceder por sí solo. Si quieres tener algo de tiempo para jugar con tus niños, planéalo. ¿Quieres tener tiempo para juguetear con el maquillaje?, planéalo. ¿Quieres jugar al béisbol pero nunca tienes tiempo?, planéalo. La cuestión es que te has acostumbrado a tus propios planes y no funcionan. No te permiten divertirte. Eres la única persona que puede hacerlo, así que hazlo. Deja tiempo en tu agenda para disfrutar de los amigos y la familia de verdad, o cualquiera de los pasatiempos que has sacrificado a favor de las obligaciones. Si no lo haces, acabarás resintiéndote con la vida incluso más de lo que lo estás haciendo en este momento. Elabora un gráfico de tarta como este, siendo realista acerca de la cantidad de tiempo que gastas en cada una de las cosas listadas:

¿Cómo empleo mi tiempo semanal?

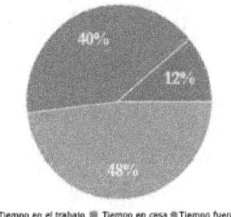

Tiempo en el trabajo Tiempo en casa Tiempo fuera

Este gráfico muestra que el 12 por ciento del tiempo de esta persona es empleado en salir fuera, y eso podría incluir algo de compras, que no es diversión exactamente. En un gráfico como este ¿dónde está el tiempo para la diversión? Divide tu gráfico de tarta de forma que pueda verse tiempo para la diversión y para consentirte hobbies que tengas, o simplemente tener un tiempo de calidad entreteniéndote. No solo te hará más feliz, sino que te hará más productivo durante el tiempo de trabajo y la vida de hogar. La gente feliz tiene más energía, lo cual automáticamente equivale a ser mejor y más eficiente en el trabajo.

Tómate algún tiempo de descanso y haz cualquier cosa que te haga feliz. Cuando encuentres un periodo de calma en el trabajo, y sepas que no te van a necesitar desesperadamente, ¡tómate ese tiempo de vacaciones que tanto necesitas! Ve a un lugar exótico, o pasa tiempo con tu familia. Necesitas diversión en tu vida para ser feliz. No importa la edad o la responsabilidad que tengas en tu trabajo, ese niño dentro de ti necesita escaparse a veces y divertirse un poco. Distintas personas interpretarán esto de formas muy diferentes. Aquí tienes una lista de lo que significa diversión para algunas personas:

- Quieres caminar por la arena descalzo
- Quieres hacer submarinismo y ver el mundo bajo el mar
- Quieres saltar arriba y debajo de tu colchón
- Quieres dejar todo aparcado y ejercitarte para soltar energía
- Quieres construir un castillo de arena
- Quieres beber tu café con pajita

Aunque ninguna de estas cosas te guste, son divertidas de hacer. Este elemento de diversión forma parte de un ser humano feliz y equilibrado. Parte de tu tiempo debería darse a la diversión. Esto te hace una persona mucho más completa, porque la parte divertida de la vida es aquella que, bien puedes realizar por ti mismo, o es algo que compartes con tu pareja o hijos. Es relajante. Es algo que permite que toda la energía que hay en ti se vaya a dar una vuelta y te ayude a ser más que solo un dron de trabajo. ¿Cuándo fue la última vez que sonreíste? ¿Cuándo fue la última que algo te hizo de verdad partirte de la risa? ¿Cuándo fue la última vez en que sentiste que ese niño en tu interior se escapaba?

Esto debería ser algo que haces de forma regular, porque es necesario para tu felicidad que dejes salir ese niño interior y que se divierta de vez en cuando. La vida no debería ser una serie continua de obligaciones. En ocasiones, has de detenerte y oler las rosas, y ahí es cuando te das cuenta de que la vida es más valiosa que trabajar, trabajar, y más trabajar. Haz cualquier cosa que te de felicidad; solo asegúrate de que tienes ese elemento de diversión que necesitas tanto para traer una sonrisa a tu rostro. Verás que cuando regresas al trabajo, tienes más energía y eres más entusiasta que cuando te fuiste completamente estresado y deprimido.

Capítulo 3 – Realizando cambios en la actitud

A pesar de que he identificado la necesidad de ordenar por prioridades, lo que no he mencionado es que, muchas veces, nuestras prioridades están sesgadas. En términos simples, priorizar consiste en colocar todo en pequeñas cajas para dar orden a tu vida. El problema sin embargo es que la caja del trabajo se agranda cada vez más, y la del hogar, la vida y la diversión cada vez se hace más pequeña. En las últimas décadas de forma especial, la necesidad de crecer y convertirse en una persona más exitosa se ha convertido en la gran sensación. Queremos más dinero, una casa mayor, un coche más grande, y la lista continúa indefinidamente. En esta carrera sin embargo, perdemos la realidad de vivir la vida, y, al final, eso es en lo que consiste la administración del tiempo: ser capaz de equilibrar tu trabajo con tu vida privada, de manera que puedas hacer un alto y disfrutar de los pájaros que cantan, u olfatear el barro húmedo tras una fuerte lluvia.

Los negocios y los medios te dicen que se supone que el éxito ha de medirse por el tamaño de tu casa y la posición que ostentas en tu compañía. Sin embargo, los psicólogos han descubierto que aquellos trabajadores que se divierten y que son capaces de hacer que la caja de la diversión sea tan grande como la del trabajo, al final llenan sus vidas con energía y son por tanto *más* productivos en su labor. No tienen resentimientos. No tienen esa negatividad que va de la mano con echar a un lado el tiempo de diversión y dar al trabajo la máxima prioridad.

Por supuesto, esto no es algo que puedas cambiar de la noche a la mañana. En el curso de tu larga vida, has internalizado el discurso dominante: que más dinero equivale a éxito, y que la administración del tiempo es sinónimo con lograr terminar más trabajo, ya que necesitas ser más inteligente que tus iguales para llegar a la cima. Lo que necesitas es un cambio de actitud, un giro de 180 grados que te permita ser más productivo y eficiente mientras disfrutas de cada momento que la vida tiene para ofrecerte. Así que aquí tienes el número 10: volviendo a aprender tus actitudes.

Hábito No. 10 – Apreciando tu propia importancia

Como adultos, cargamos con una cantidad enorme de responsabilidad. Una de las razones principales por la que los niños disfrutan de la vida mucho más de lo que nosotros lo hacemos, es porque no tienen que preocuparse acerca de pagar las facturas, de financiar la educación de alguien, de pagar préstamos de estudios, etc. La edad adulta desde luego significa libertad, pero esa libertad también está cargada con un sentido de la responsabilidad, especialmente cuando nos establecemos y creamos nuestra propia familia.

Comenzamos a fijar las prioridades de manera diferente. Al menos cuando eres soltero y vives solo, tu sentido de la responsabilidad es menor, ya que solamente tienes que mirar por ti mismo. Eso no quiere decir que no tengas que cuidarte, solo que, comparativamente hay un número mucho menor de cosas por las que te tienes que preocupar. La familia, a pesar de ser un aspecto esencial de la vida, viene con su propia serie de problemas y dificultades, que son, desafortunadamente planteadas por la sociedad y los medios.

Por ejemplo, se nos enseña desde temprana edad que no ser egoístas es algo muy bueno, que no deberíamos poner nuestras propias necesidades por encima de las necesidades de otros. Hemos interiorizado este ideal hasta tal punto que ha comenzado a ser dañino para nosotros mismos. Lo peor de ello es que ni siquiera nos damos cuenta. Cuando tus padres te enseñaron esta idea fundamental, no querían decir que te tuvieses que tirar al suelo para que te pasasen por encima, y ponerte en el último lugar.

Mucha gente cree que el no ser egoístas es un atributo positivo y lo usan de tal forma que daña lo que son. Por ejemplo, si dejas que otras personas tengan prioridad sobre todo tu tiempo, no te estás proporcionando ninguna felicidad. La verdadera falta de egoísmo es ponerte en una posición en la que eres más importante en la lista de prioridades que nadie más. Para decirlo de forma simple: imagina que hay un helado y estás junto a un niño. Ambos queréis ese helado y tú te lo comes. El niño se enfada porque no lo obtuvo. Eso es egoísmo, hiciste llorar al niño. Pero no está fuera del campo de las posibilidades admitir que también lo querías; el entorno te hará creer que deberías ser un santo que sacrifica sus necesidades porque eres un adulto. Está bien querer el helado, y también está bien comértelo. Lo único es que podrías *compartirlo* con el niño, de forma que en lugar de que solo sea feliz uno de los dos, *ambos* puedan aprender la alegría de compartir y disfrutar ese momento único que la vida os ofrece.

De hecho, cuidar de tu cuerpo y mente concediéndote algo de tiempo para búsquedas creativas o divertirte no es egoísmo. Como dije antes, el tiempo para ti es esencial para aliviar el estrés y relajarte, aunque solo fuese para llegar a esa marca de eficiencia que tus jefes quieren que cruces. Date a ti mismo y a tus necesidades tanta importancia como a las de los que te rodean; a menos que aprendas a estar en paz contigo mismo, no vas a llegar a ninguna parte.

Si no sabes lo vital que eres para tu propia vida ¿cómo vas a darte prioridad? Eres central en ella. El equilibrio de tiempo que tienes en tu vida dicta quién eres. Así pues, deberías incluir cantidades de tiempo equivalentes para la diversión y el trabajo. Probablemente así es como se ve tu vida ahora, con la zona del cielo representando tu trabajo o responsabilidades, y la pequeña área sombreada de la pirámide representando la importancia que te das a ti mismo y a tus propias necesidades.

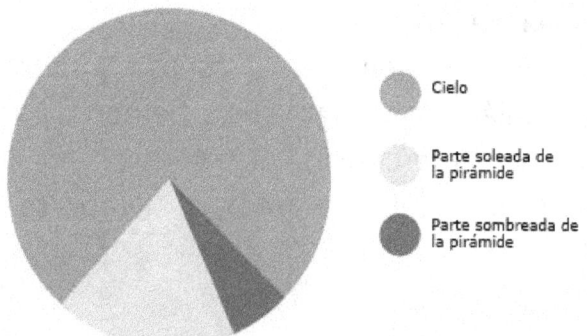

Cielo

Parte soleada de la pirámide

Parte sombreada de la pirámide

¿No te dice esto que hay algo fuera de perspectiva? Las obligaciones de tu vida tienden a engullirte y no tienes nada de tiempo para gastar y simplemente ser tú. Necesitas hacer un gráfico de tarta para escribir en cada parte lo que representa, pero no es suficiente con simplemente dibujar uno e idealizar. Necesitas también dibujar un horario. A lo largo de los años te has olvidado de los horarios, ya que has dejado de ir al colegio, pero siguen siendo relevantes para tu vida. Los horarios y gráficos te ayudarán a identificar dónde estás gastando tu tiempo y cuánta prioridad te estás dando en el gran esquema de las cosas. Después de analizarlo, debes ser consciente de la poca importancia que te asignas a ti mismo. Ahí es donde tienes que dar un paso atrás, alejarte de tus responsabilidades, y tomar un respiro.

Si trabajas desde casa en frente de un ordenador, decide los momentos en que vas a cerrar ese ordenador y simplemente disfrutar. Esto no se trata de ser auto indulgente; es simplemente recordarte por qué te gusta vivir. Es esencial para tener equilibrio en tu vida. ¿Sientes que los niños te están agotando? ¿Cómo puedes ser el padre perfecto cuando sientes que quieres escapar? Llama a la canguro y escápate fuera, alejándote de esos pequeños bribones. Merecen lo mejor de ti mismo, y el padre que regresa después de pasar algo de tiempo consigo mismo es más feliz y equilibrado. Los niños son sensibles y pueden percibir tu negatividad o resentimiento. Así que ¡hazlos felices *siendo* feliz!

La gente tiende a apartar lo que quieren a favor de las responsabilidades y, tal y como sucede en el gráfico de arriba, el área azul se los traga si se dejan. Sí, las responsabilidades de la vida son importantes, pero si no te concedes un poco de descanso y relajación, te conviertes en alguien malhumorado y negativo, y nadie quiere estar a tu alrededor. Apaga el ordenador, aléjate de él y permítete ser quien eres. Es la fórmula más simple que existe:

Trabajo + Vida de hogar + Diversión = Un tú más feliz, que será más productivo.

He aquí un encantador corolario para acompañar esto. ¿Alguna vez has visto a una madre que lleve a un bebé en una mano, que aleje a otro niño de algo peligroso con la otra, y mientras trate de hablar por teléfono? Es un fenómeno muy común. En esta situación, la madre no está prestando atención completa a sus hijos, y ciertamente no está prestando toda la atención al teléfono, aunque sigue haciéndolo por obligación. Lo que no ha aprendido es el poder de no estar disponible. Si estás tratando de equilibrar tu tiempo, tienes que estar no disponible cuando necesitas tiempo para ti mismo. Con frecuencia nos quejamos de no tener suficiente tiempo para pasar con la familia o los amigos; ¿sabes que puede ser tan simple como apagar tu teléfono de forma que esa cena no se vea interrumpida por una llamada?

Necesitas hallar una forma en que puedas recibir llamadas personales y evitar llamadas de negocio cuando estés en casa.

Tu empleador podría enfadarse si pasases todo el día haciendo llamadas personales, así que tú también deberías enfadarte si las llamadas de trabajo interfieren con tu vida de hogar. Ten un teléfono móvil para el trabajo y apágalo, dejando un mensaje de que estarás de vuelta el lunes. Sé firme y dile a tus compañeros que solamente te llamen si hay una emergencia; si es algo que pueden arreglar ellos mismos, que lo hagan sin tener que llamarte para cada cosa.

Recuerda que esto se aplica tanto al tiempo en familia como al trabajo. Es mejor si tu familia sabe que ha de contactarte en el trabajo solamente si hay emergencias; incluso llévalo un poco más allá y diles que te dejen solo cuando estás relajándote. Muchas veces nos apartamos e intentamos relajarnos solo para ver como los niños corren hacia nosotros, pidiendo que les ayudemos con los deberes. Pide que alguien más lo haga, o déjales que por una vez les ayude Google. Necesitas tiempo para ti, no te avergüences por ello ni lo pospongas. Eso solo hará más mal que bien.

Y la idea más importante de todas: acepta que eres humano y que no puedes hacer todo al mismo tiempo. Estás limitado en tu capacidad para hacer cosas, porque tienes que descansar y relajarte. Y eso está perfectamente bien. No puedes ser perfecto, y no puedes trabajar sin parar, ni estar siempre de humor alegre. Eres un ser humano con necesidades y deseos, y necesitas llenar esas cosas tanto como necesitas dedicarte al trabajo. A veces está bien dar un paso atrás y recordarte a ti mismo que no eres un robot sin cerebro.

Capítulo 4 – Ideas rápidas para ayudar con la agenda diaria

Todas estas cosas que he mencionado son hábitos que forman parte de tu rutina diaria, y que te aseguran de tener un equilibrio adecuado entre el trabajo y tu vida personal. Has de tomarte un tiempo para interiorizarlos y hacer que se vuelvan una segunda naturaleza, y eso no es tarea fácil. Persevera en ello, ¡no abandones y verás que,a no mucho tardar, has aprendido cómo administrar tu tiempo de manera adecuada!

Además de estos cambios de rutina, aquí tienes algunas ideas muy específicas que puedes seguir para ayudarte a administrar tu agenda diaria.

Utiliza tu tiempo en el coche para ser productivo

Si estás atascado en el tráfico, no entres en pánico. En lugar de eso, utiliza ese tiempo para revisar mentalmente lo que tienes que hacer en el día, y elabora una lista rápida de cosas por hacer almacenada en tu mente. ¡Puedes incluso llevar un bolígrafo y algunas notas adhesivas que te permitan pegarlas luego en el tablón para ayudarte a recordar! Para aquellos de vosotros a los que no os resulte cómodo trabajar de esta forma, ¡podéis utilizar el tiempo en el coche para relajaros en lugar de poneros nerviosos por el tráfico! Quizás escuchar música, o cantar de forma que levantes tu espíritu para cuando llegues al lugar de trabajo.

En lugar de esforzarte más o sacrificar más tiempo para tu carrera, ¿por qué no consideras el utilizar el tiempo que pasas diariamente en el transporte como una oportunidad para lograr terminar más trabajo durante el día? La mayoría de la gente conduce una media de unos 30 minutos de ida solo para llegar a la oficina o a su negocio. Esto implica una cantidad de tiempo significativa que normalmente está disponible para actividades más productivas. Aunque es bastante obvio que no es buena idea conducir y trabajar al mismo tiempo, puedes pensar en usar el transporte público de forma que tengas más tiempo para actividades productivas.

Escuchar

Ya sea que vayas en autobús o compartiendo coche al trabajo o a la escuela, puedes utilizar ese tiempo para mantenerte al día de las últimas noticias o incluso revisar una lección en vídeo que acabes de ver. La mayoría de estas lecciones, también llamadas webinars, proporcionan una descarga de sesiones gratis para después. Después de descargarlas, puedes extraer fácilmente la porción de audio para escuchar más tarde cuando tengas tiempo. También puedes descargar versiones en audio de libros y escucharlas mientras vas en el transporte. En particular, escucha cosas que sean relevantes para tu carrera, tu empleo, o lo que sea que estés estudiando en la escuela.

El único inconveniente de esta forma particular de maximizar tu tiempo de transporte, es que no tienes oportunidad de tomar notas. Pero si el material que estás tratando de escuchar no es de máxima prioridad, puedes simplemente tomarte un tiempo extra para leer y tomar notas más tarde.

<u>Comunicarse a distancia</u>

También puedes ponerte al día con tus obligaciones de comunicación haciendo teleconferencias o informes cuando estás en tu transporte diario. Sin embargo, esto depende del tipo de medio de transporte en el que vayas. Como bien sabes, las reuniones pueden tomar al menos media hora o más, e implican a varios de tus subordinados, que podían encargarse de algunas cosas para ser más productivos. Si estás conduciendo y lo bastante cómodo como para utilizar un equipo de manos libres junto con tu teléfono, podrías realizar tus reuniones mientras vas de camino al trabajo. Esto puede resultar particularmente útil si normalmente tienes las reuniones a primera hora de la mañana o justo después de que abandonas tu negocio o la oficina. Aunque es verdad que nada iguala a las reuniones cara a cara, en algunas te puedes permitir realizarlas por medio de las telecomunicaciones. Así que, mientras estás yendo o volviendo del trabajo, ¿por qué no aprovecharlo todo lo que puedas?

Otra cosa productiva que puedes hacer mientras viajas es ponerte al día con todo el correo de voz pendiente. La comunicación efectiva y productiva no se limita solo a las reuniones cara a cara. Una vez más, si tienes acceso a un equipo de manos libres para tu móvil, y estás bien en el transporte o conduciendo a o desde el trabajo, puedes revisar tus correos de voz con facilidad sin tener que tomar tiempo de tu jornada laboral. Conforme a esto, también puedes utilizar ese tiempo para devolver esas llamadas necesarias que has estado aplazando desde ayer. En el grado en que puedas hacer funcionar esta estrategia de manera eficiente, también podrás experimentar más flexibilidad y productividad, al ser capaz de recibir y hacer llamadas a tu discreción o en un tiempo más conveniente.

<u>Compartir coche</u>

Aunque no es algo para todo el mundo, es una opción muy buena si resulta que vives cerca de todos tus compañeros de trabajo o clase. Todos podéis ahorraros mucho tiempo y energía simplemente yendo y viniendo del trabajo o las clases juntos en un mismo coche. Digamos que sois cuatro los que compartís coche. Cada uno se puede alternar en la responsabilidad de conducir una o dos veces por semana, dependiendo de la rotación. Eso libera al menos tres días para cada uno en términos de conducción. Esos tres días pueden utilizarse para hacer trabajo extra mientras disfrutas del viaje. En promedio, esto podría suponer entre dos y tres horas de tiempo adicional para trabajar o estudiar cada semana. Además puedes ahorrar en gasolina también.

El compartir coche ofrece otra oportunidad para aumentar la productividad, particularmente si todos los que comparten vehículo resultan ser compañeros de clase u oficina también. Tu tiempo de transporte puede ser una oportunidad para discutir o leer cosas importantes cara a cara sin tener que dedicaros a reuniones en la oficina o la escuela, especialmente en las horas de mayor ocupación.

Tecno-transporte

También puedes utilizar la tecnología en tu beneficio para ser más productivo en tu tiempo diario de transporte. Puedes llevarte tu portátil o tablet, especialmente si tomas el autobús o medios similares de transporte cuando vas a la escuela o al trabajo. Al hacerlo, puedes conseguir realizar algunas tareas incluso cuando estás todavía de camino. Depende de la cantidad de espacio personal que puedas tener mientras estás viajando, pero utilizar la tecnología para ser más productivo durante el tiempo que pasas en el transporte puede adelantar muchas de las tareas importantes del día mientras vas de camino. Esto incluye ponerte al día con los e-mails y otras tareas relativamente simples que no requieran pensar mucho. Además puedes utilizar estos aparatos para elaborar una tormenta de ideas.

Quizás la única desventaja de cambiar del transporte privado al público es ver comprometida la fiabilidad y la duración del viaje. Por ejemplo, si conducir normalmente te llevaría solo 30 minutos para llegar, ir en autobús o en tren pueden ser 30 o 40 minutos más. Pero puedes pensar en ello de una forma más positiva. En lugar de pasar 30 minutos no haciendo otra cosa que conducir, puedes emplear desde una hora a una hora y diez minutos siendo productivo mientras vas o vuelves del trabajo o la escuela, en cuyo caso podrás ver ganancias netas en términos de productividad personal.

Planea por anticipado

Siempre puedes utilizar el tiempo en ruta para planear el día, sin importar si estás usando el transporte público o el privado. Antes de irte de casa puedes ya comprobar los correos electrónicos, de manera que tengas más o menos una buena idea de las tareas que necesitas planificar. Las notas de voz son ideales para esto. Si quieres tener un bosquejo del día por anticipado, puedes utilizar notas de voz para grabar tus actividades planeadas directamente, sin tener que emplear tus manos, y escucharlas más tarde cuando oficialmente comiences tu jornada. Al final del día, también puedes usar este método particular para evaluar y cerrar tu día productivo, y para meditar en lo que has hecho o no has hecho bien. Puedes encargarte de cualquier problema que se haya interpuesto en tu productividad y planear cómo enfrentar los desafíos que quedan para mañana.

<u>Pedalea hacia el trabajo</u>

Aunque pueda parecer que ir en bicicleta al trabajo es un gran error, puede, de hecho, acabar siendo una alternativa más productiva. A pesar de que es una forma mucho más lenta de llegar al trabajo o a la escuela, tiene sus ventajas. Las horas punta en las ciudades son muy malas ¡un apocalipsis de coches! Por eso, ir en bici puede acabar resultando más rápido si tu lugar de trabajo no está tan lejos de donde vives. También es una forma más eficiente en cuanto a costes, porque no necesitas repostar combustible. Y para aquellos que son muy escrupulosos en hacer ejercicio semanalmente, pedalear es una forma muy productiva y eficiente de reducir los gastos de transporte, llegar al trabajo a tiempo, y ejercitarse con regularidad.

Advertencia

Unas palabras de advertencia: no todas estas técnicas o métodos tienen por qué funcionar en tu caso particular. Todo depende de tu personalidad, situaciones, y la naturaleza de tu trabajo así como tus circunstancias personales. Experimenta con cuidado y encuentra lo que te funciona mejor para optimizar tu productividad personal mientras vas de camino.

Conclusión

Como has podido ver en los capítulos de este libro, los hábitos que tomaste como adulto te han puesto en una situación en la que no puedes administrar el tiempo de manera constructiva. Tus responsabilidades sobrepasan tu diversión, y compraste este libro porque querías hacer un mejor trabajo en la administración del tiempo. Puedes hacerlo. Las gráficas del libro deberían haberte mostrado con claridad dónde te estás equivocando. El objetivo de las mismas es ayudarte a ver que una vida equilibrada no solo consiste en sobrecargarse con trabajo y responsabilidades.

Hazte un horario y dedica tiempos para el trabajo, para la diversión y tiempos para relajarte. Y asegúrate que lo respaldas con una alimentación saludable y ejercicio suficiente. Tu cuerpo lo necesita para ganar la fuerza que todo el mundo requiere para ser productivo.

Aprende a dormir bien, aprende a utilizar

las mañanas para tener una productividad superior, y aprende a escuchar los mensajes de tu cuerpo. Cuando estás demasiado cansado para rendir, no puedes dar lo mejor de ti, así que ¿por qué intentarlo? Dormir sana el cuerpo y ayuda a prepararlo para una mayor productividad, y cuando consigas lograr el equilibrio, lograrás hacer más y tener más diversión en tu vida. Ambas áreas son importantes para la felicidad. No puedes ser una mula de carga y sentirte feliz. Tampoco puedes ser una persona llena de diversión sin tener alguna responsabilidad que dicte tu vida. Ambas áreas son vitales para la felicidad y depende de ti encontrar el equilibrio escuchando a tu cuerpo.

Para resumir, permite que una vez más liste los diez hábitos principales que puedes seguir para ser supremamente eficiente y aun así tener tiempo para descansar y relajarte:

- Deja de dar tanta importancia a las tareas mundanas; haz lo que sea importante y urgente, y aparta todo lo que no tengas que hacer

inmediatamente.
- Aprende a delegar y compartimentar. No es fácil, pero cuando lo haces, encontrarás que tienes más tiempo para hacer aquello en lo que eres bueno, en lugar de tomarlo todo a tu cargo.
- Aprende a decir que no; sé firme. Saber cuánto puedes y no puedes hacer no es una debilidad, sino un signo de que eres consciente de tu capacidad. Tu jefe apreciará tu honestidad mucho más que el trabajo mal terminado que le entregarías.
- Elabora tu lista de tareas diariamente y sin falta. Escribir lo que tienes que hacer aclarará tus pensamientos y te ayudará a organizar y priorizar de acuerdo a la urgencia e importancia de los trabajos programados para el día.
- Procrastina de manera productiva. Utiliza lo que se ve como una debilidad para cumplir tus tareas de manera más eficiente identificando por qué procrastinas; haz solamente lo que tiene que ser hecho hoy. Si puedes, haz

que otra persona haga el trabajo que no puedes realizar. De esa forma, haces que una persona más cualificada realice algo en lo que tú podrías haber formado un desorden; te da tiempo para relajarte y el trabajo se realiza mejor.
- **No trabajes duro, sino inteligentemente.** Si te obligas a trabajar demasiado duro, colapsarás. En lugar de hacer eso, intenta utilizar tu cerebro para encontrar soluciones nuevas y eficientes que no impliquen tanto trabajo. No hay vergüenza en tomar el camino más fácil de vez en cuando.
- Modifica tu estilo de vida para estar más sano. Duerme lo suficiente (al menos 8 horas al día) de forma que no estés torpe y puedas encarar el día con una brillante sonrisa en tu cara, en lugar de con un espíritu cansado y letárgico.
- Come de forma saludable. Abandona la comida rápida y grasienta e intenta pasar tiempo en tu cocina para

elaborar comida saludable que te mantenga en forma.
- Controla tus niveles de estrés. Cuanto más estrés tengas, mayor será la disminución de productividad. Enfócate en mantener la calma y ser racional en medio de la dificultad; cuanto más pánico tengas, menos puedes realizar. Medita, o simplemente haz ejercicio para librarte del estrés.
- Y lo más importante, aprende a apreciarte a ti mismo. Permitirte olvidar las responsabilidades durante un rato no es ser egoísta; es saludable y nos mantiene humanos. Te recarga para que, cuando vuelvas, seas el doble de inteligente y efectivo de lo que eras antes.

Utiliza diariamente esas ideas rápidas y fáciles que te conté para facilitar el día. No siempre será una travesía plácida, pero verás que puedes navegar por aguas turbulentas si tienes paciencia para seguir todos los elementos de la lista.

Una vez hagas todo eso, serás supremamente eficiente. Serás capaz de trabajar cumpliendo tu plan y luego trabajar en tu plan para divertirte, asegurándote de que das prioridad a cada uno. Cuando desconectes para divertirte, has de decirte a ti mismo que te lo mereces y que el trabajo que hiciste por el día es suficiente. La gente se vuelve demasiado cansada en su actitud si no se permiten un poco de diversión. Dibuja tu gráfico de tarta tal y como está ahora y verás dónde están los desequilibrios. Ahora, arréglalo. Tienes una vida que vivir y tu horario ha de permitirte trabajar, descansar y jugar.

Así que ¡adelante y prueba estos trucos! La administración del tiempo trata acerca de disfrutar los mejores aspectos de la vida al hacerte más eficiente y productivo. ¡Espero que este libro te diese unas ideas rápidas de cómo llegar a ese punto!

¡Buena suerte!

Parte 2

Introducción

En algún punto de nuestras vidas nos hemos detenido por un momento, y hemos abierto los ojos solo para admirar a la persona que está frente a nosotros. ¿Como lo hacen? ¿Dónde está el truco? Y, ¿Por qué siempre erestú el que está batallando por mantener el paso rápido de tu rutina diaria? Solo se trata de administrar tu tiempo. Dominar esta habilidad es esencial para maximizar el resultado de tus obligaciones diarias y usar tu tiempo libre de una manera eficiente.

Al seguir los consejos ofrecidos en este libro, te ayudarás a ti mismo a evitar de manera exitosa las trampas de un horario ocupado y te permitirás desarrollar tus habilidades de administración del tiempo de una manera rápida, fácil y eficaz. A través del entendimiento de las nociones de la procrastinación, el multitasking y la productividad sin estrés, se te ofrecerá la oportunidad de alterar tu percepción del tiempo y, aún más importante, liberarte de un horario caótico e improductivo.

1: La Psicología del Tiempo

Nuestra percepción del tiempo siempre está cambiando. Ya sea que dependa del estado emocional en el que estamos en un momento en particular o las actividades en las que estamos involucrados, tendemos a percibir el tiempo de manera diferente. Probablemente has experimentado la ilusión de una eternidad, cuando te sientas callado en la sala de espera del dentista por 5 minutos enteros. De manera similar, a veces el tiempo vuela, especialmente cuando estamos disfrutando; una noche nunca es suficientemente larga, cuando la pasas con tus amigos que no has visto en años.

¿Por qué pasa esto? ¿Por qué el tiempo a veces parece ser inconcebible, o paradójico? Porque eso es exactamente lo que es el tiempo. Como tal, tiene el poder de moldear nuestro comportamiento en el mundo que nos rodea y en nuestras vidas en general.

Las paradojas del tiempo

El tiempo es una de las influencias más intensas en nuestra vida diaria. No solo afecta nuestra rutina diaria, nuestros planes y horarios, tiene un impacto en nuestros sentimientos y pensamientos. A veces solo el tiempo puede curar un corazón roto, especialmente puedo pierdes a alguien que tuvo un lugar especial en tu vida. ¿Qué tal esa cosa embarazosa que hiciste cuando todavía estabas en la secundaria? Han pasado tantos años que ya siquiera piensas más en eso. Sin embargo, por obvio que parezca, muchos de nosotros estamos inconscientes del efecto que tiene el tiempo en nuestras vidas. Esta es la primera paradoja del tiempo.

Como percibimos el tiempo depende en gran mesura de nuestra experiencia personal. Esperar a que el dentista llame tu nombre puede no ser tan horripilante si no conectaras esto a una (probablemente dolorosa) experiencia pasada. Esto significa que las actitudes individuales frente al tiempo son, de hecho, un producto de las experiencias individuales. Por otro lado, el tiempo parece ser aceptado como un estándar social; 10 horas de trabajo para mí son las mismas 10 horas de trabajo para ti. Un siglo significa lo mismo para ti que lo que significa para él. Llamémoslo la paradoja número dos.

La tercera paradoja es un poco complicada. Actitudes especificas hacia el tiempo pueden ser asociadas con varios beneficios. Ser puntual es considerado una cualidad que todo el mundo debería poseer en el acelerado mundo de hoy en día.

La puntualidad es aceptada como una virtud y la sociedad te premia solo porque has podido actuar de manera acorde. Sin embargo, obedecer demasiado las normas sociales puede ser algo malo. Ser rígido y no poder adaptarte rápidamente a los cambios en el horario puede impedirte obtener ese ascenso en el trabajo que siempre quisiste, o puede convertir tu vida personal en un desastre.

Esta es la razón por la cual la administración del tiempo es tan importante y al mismo tiempo representa la necesidad por ella. Oh, paradojas.

Experiencias subjetivas del tiempo.

Todos sacamos memorias del pasado y planeamos el futuro basándonos en nuestra experiencia presente del mundo que nos rodea. Que tan efectivamente podemos hacerlo y en qué manera, determina nuestros caminos de la vida. Nuestra perspectiva del tiempo influencia todo, desde nuestro éxito en el trabajo hasta nuestra salud y felicidad. Entender que momento es y donde estamos parados en su curso se aprende mayormente durante la niñez temprana. Si, probablemente has heredado algunos patrones de comportamiento de tus padres.

Sin embargo, esto no significa que puedes cambiar tu punto de vista. Si crees que tu perspectiva personal del tiempo te impide hacer las cosas, tienes que hacer algo al respecto. El primer paso para conocerlo es identificar tu tipo propio:

La perspectiva "Pasado-Negativa"

Tiendes a enfocarte en tus experiencias personales pasadas y les permites perturbarte. Esto te puede hacer sentir mal y triste más seguido de lo que te gustaría admitir.

La perspectiva "Pasado-Positiva"

Ves tu pasado a través de los ojos de la nostalgia. Entonces quedarte cerca de tu familia parece ser el comportamiento más razonable. Tus relaciones son felices; aunque no eres del todo bueno en tomar riesgos. Esta actitud de "la seguridad primero" puede retrasarte en muchos aspectos.

La perspectiva "Presente-Hedonista"

Buscar placer en la vida y resistencia a posponer el sentirte bien inclusive por una hora te hace popular entre tus amigos. Sin embargo, tiendes a tener una vida menos saludable y tomas más riesgos.

La perspectiva "Presente-Fatalista"

Tiendes a sentirte atrapado en el presente en lugar de disfrutarlo. La sensación de incapacidad de influenciar lo que pasará en tu futuro puede llevarte a la depresión, ansiedad y tomar más riesgos de los que deberías.

La perspectiva "Enfocada-al-Futuro"

Estas orientado a tus objetivos y eres un individuo ambicioso. Sin embargo, mientras siempre tratas de sobresalir, a veces puedes crear estrés para ti y la gente que te rodea. Tus relaciones pueden sufrir por ello.

Uso Efectivo de la Perspectiva del Tiempo

Creer que tienes el control del futuro y entender que el pasado es, bueno, pasado, puede empoderarte y darte la sensación de control sobre las acciones de tu presente. Encontrar la perspectiva del tiempo que te ayude a darte cuenta de tus necesidades psicológicas y tus valores, por ende, es más que importante. La actitud positiva hacia lo que viene y el balance en general se originan del uso positivo de tu pasado y el encontrar formas adecuadas de disfrutar el presente. Luego de observarlo y entenderlo, empiezas a hacer planes para mejoras y cambios necesarios.

Presumamos que estas teniendo problemas con los plazos de entrega. Muchos de nosotros los tenemos. No es tan anormal cuando piensas en ello. Sin embargo, como afrontes eso depende completamente de ti. Perder un plazo de entrega nunca es fácil y siempre tiene consecuencias. Reunirte con tu jefe la última vez que perdiste una, seguro no fue un paseo por el parque. Ahora, hay (por lo menos) dos posibilidades para el futuro.

La primera posibilidad, permanecerás arraigado a tus sentimientos de remordimiento y pena. Hacerlo probablemente no te ayude a ser más productivo y eficiente en tu siguiente proyecto. La segunda opción es analizar el evento y tratar de encontrar cabida para mejorar.

En poco tiempo empezarás a confiar en ti y a creer que de verdad puedes hacerlo a tiempo. Creer que el futuro no es tan malo puede incrementar la posibilidad de que de hecho sea positivo.

2: Manejo del Tiempo: El Modelo de Flujo

A veces, aunque no tan seguido, nos encontramos envueltos en una actividad que disfrutamos tanto que el tiempo parece volar. El tiempo se vuelve algo completamente irrelevante, redundante, y casi inexistente. En ese momento enfocamos nuestra atención completamente en lo que estamos haciendo sin siquiera pensar en ello. Todo a nuestro alrededor - desde el sonido de los teléfonos a la gente que pasa - termina más allá de nuestra comprensión. Pero el sentimiento de alegría está ahí en algún lugar muy dentro de nosotros, manteniéndonosenérgicos.

Los psicólogos llaman a esto "flujo". Cuando estamos en el flujo tendemos a perdernos en nosotros mismos y operar solo con nuestros instintos. Esto permite dedicarnos completamente a la tarea que estamos realizando y nos permite ser más productivos. Llegar a ese estado de flujo puede, por ende, hacer ciertas tareas parecer másfáciles de lo que realmente son, haciéndonosmás eficientes en lo que hacemos. Tan solo imagina si todo lo que hicieras en la vida pareciera fácil o inclusive trivial.

No más cavilaciones sobre cómo resolver un problema, no más preocupaciones sobre la siguiente tarea entes de completar la primera. Sería como tener un super poder (como siempre quisiste). Bueno, podría no ser tan simple y directo, pero dominar esta habilidad todavía te puede ayudar a administrar tu tiempo.

El Modelo de Flujo

El modelo se origina del nicho de psicología positiva hace algunas décadasatrás. Suena sofisticado, ¿verdad? Pero no es tan especial. La psicología positiva tiende a usar ciencia para ayudarnos a lograr una vida satisfactoria.

Al tener esto en mente, podemos decir que el modelo de flujo trata de explicar cómo los estados emocionales, que los humanos suelen experimentar, pueden influenciar nuestra percepción o dificultar una tarea en particular.

Por otro lado, el modelo predice los estados emocionales que seguramente experimentaremos cuando tratemos de completar una tarea en particular. Esto depende en gran manera a lo difícil que nos parezca la tarea y que pensamos sobre nuestra habilidad para realizarla.

La figura de abajo te dará un poco más de detalles sobre esta teoría. Si una tarea en la que estamos involucrados no es exigente y no requiere de toda nuestra habilidad, es más probable que sintamos apatía hacia ella. Si nos enfrentamos a una tarea exigente sin tener las habilidades requeridas, podríamos empezar a preocuparnos, lo que resultaría en un sentimiento de ansiedad.

Para poder

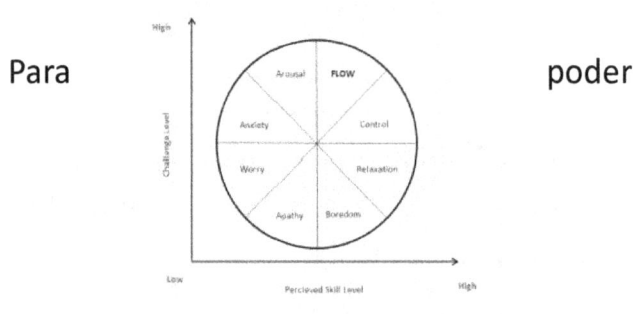

desempeñarnos a tope y encontrar el balance necesitamos un reto interesante y que pueda llamar nuestra atención, y un conjunto de habilidades adecuado para terminarla de manera confiable y exitosa. Cuando estas condiciones se encuentran, experimentamos "flujo".

Cuando aprendes a llegar a él, te volverás parte del grupo de individuos que han dominado su arte, negocio, hobby, o deporte a un nivel tan alto que hacen que todo lo que hagan parezca fácil.

Los Componentes del Flujo

Experimentar el flujo ahora parece algo bastante obvio, cuando sabes lo que es. Se puede dividir aproximadamente en diez categorías que, cuando se combinan, nos permiten desempeñarnos con la mejor tasa posible de eficiencia, sin perder tiempo o energía:

- Entender claramente lo que queremos lograr

- Tener la habilidad de concertación por largos periodos de tiempo

- Perder la sensación de conciencia propia

- Darnos cuenta de que el tiempo pasa más rápido de lo usual

- Recibir retroalimentación inmediata y directa

- Experimentar balance entre el reto y nuestros niveles de habilidad

- Tener el control de la situación

- El sentimiento de recompensa viniendo de estar realizando la actividad

- No estar pendiente de las necesidades corporales

- Estar completamente enfocado en la actividad

En el caso de que empieces a sentir hambre o sed después de un par de horas de trabajar, no necesariamente significa que estés haciendo algo mal. Simplemente puede ser un indicativo de que has estado haciendo algo bien por tanto tiempo, que tu cuerpo necesita una entrada adicional de energía. Lo mismo pasa en la concentración; algunas personas simplemente les falta la habilidad para estar concentrados durante mucho tiempo.

Eso no implica automáticamente que no pueden llegar al estado de flujo. Todas estas experiencias y factores no necesariamente tienen que estar alineadas para que el flujo ocurra. Sin embargo, existe la posibilidad de que experimentes muchos de ellos cuando ocurra el flujo.

Las Condiciones del Flujo

Experimentar algunas o todas las condiciones del flujo es algo completamente subjetivo. Algunos de notros experimentamos otros, para otros la sensación de control personal es suficiente. Cualquiera que sea tu caso, hay tres cosas esenciales que deben estar presentes para entrar en el estado de flujo:

- Primero, tienes que establecer tus **Metas**: Las metas agregan estructura, motivación, y significado a la actividad que estas realizando. No importa realmente que actividad es; puede que estés creando una presentación para una reunión o tratando de ponerte en forma corriendo todas las mañanas. Debes poder esperar el resultado final y adaptar tus esfuerzos y compromiso acorde a esa actividad particular.

- Un buen **Balance** debe estar presente entre el reto percibido de la tarea y tus habilidades percibidas. En caso de que una de estas pese más que la otra, no lograras el flujo. Si la actividad es muy fácil, probablemente te aburrirás. Ocuparte con el libro de colorear y tratar de quedarte dentro de las líneas pudo haber sido un reto cuando tenías cuatro, pero ahora te aburriríarápido. ¿Exageración? Probablemente, pero el principio puede aplicarse a cualquier cosa que escojas hacer.

- Obtener **Retroalimentación**inmediata y clara constituye la siguiente condición del flujo. Para poder cambiar y mejorar tu desempeño, tienes que ponerte en contacto con lo que estás haciendo bien y donde todavía hay cabida para mejorar. La retroalimentación puede venir de otros o de tu propia conciencia de que estas (o no) progresando con la tarea.

Usando el Modelo

En teoría, todo el mundo sabe cómo cocinar un estofado de carne. Todo lo que necesitas hacer es comprar un trozo de carne de 5 libras, hacer algo con eso y disfrutar de una jugosa y sabrosa comida. Lo mismo pasa con el modelo de flujo.

Entender la teoría del modelo es una cosa, pero usarlo de forma que te permita ahorrar tiempo y ser más efectivo en lo que haces es otra totalmente diferente. Pero no te preocupes. Implemente ten en mente estas simples sugerencias:

Establecer las Metas

Establecer las metas ya es algo que estaba establecido como condición para el flujo. Sin embargo, aprender a como establecer metas efectivas puede ayudarte a lograr el enfoque que necesitas. Hay muchas maneras de establecer tus metas. La creación de una lista de quehaceres es solo un simple ejemplo de los numerosos acercamientos. Todo el libro podría ser escrito sobre este tema. Sin embargo, hay algunas cosas en las que todos los acercamientos están basados:

1) *Establece metas positivas*

Expresar las metas de manera positiva y motivadora debería ser tu objetivo aquí.

Esta puede ser la diferencia para tu actitud hacia una asignación. "¡Trata de hacer esto exitosamente!" te dará el empuje necesario y la motivación en comparación a "¡No la riegues!" Así que, esfuérzate y haz la mejor lista que jamás existió.

suficientes. Luego, puedes empezar a modificar las reglas y agregar estímulos adicionales.

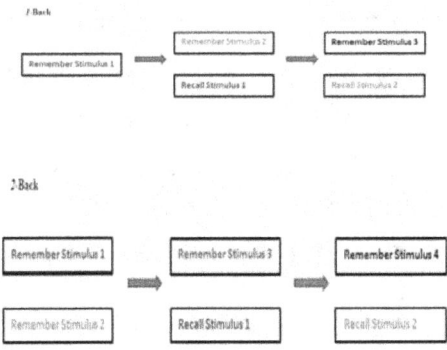

Construyendo Autoconfianza

Las habilidades son importantes, pero si no tienes la confianza en ti mismo hay una probabilidad de que no puedas tomar total ventaja de ellas. Bajar tu autoconfianza a veces puede pasar en un abrir y cerrar de ojos; un movimiento en falso o un comentario tonto y tu ego puede ser herido. Usualmente somos más fuerte que esto; sin embargo, permanece la probabilidad de salir herido por un comentario inconsiderado Construir confianza es una historia totalmente diferente.

El proceso involucra un análisis profundo de nuestra personalidad lo que usualmente lleva al desarrollo de nuevas actitudes hacia diferentes aspectos de tu vida. Sin embargo, lo que puedes hacer con facilidad es realizar un análisis FODA. Te ayudará a mantenerte enfocado en tus fortalezas y te permitirá mejorar tus debilidades.

1) Análisis personal FODA

Una matriz FODA es un marco hecho para **Fortalezas** y **Debilidades,** así como **Oportunidades** y **Amenazas** a las que te enfrentas. Está diseñado para ayudarte a enfocarte en minimizar tus debilidades, enfocándote en tus fortalezas, y aprovechar las oportunidades que tienes disponibles.

La siguiente tabla está diseñada para guitarte por el proceso.

Fortalezas	Debilidades
¿Que puedes hacer? ¿Que pueden ver los demás como tus fortalezas? ¿Cuáles de tus logros son los que te hacen más orgulloso?	¿Qué podrías mejorar? ¿Que pueden ver los demás como tus debilidades? ¿Cuáles tareas son las que usualmente evitas por falta de confianza?
-	-

- - 	- -
Oportunidades ¿Qué tipo de oportunidades buscas actualmente en tu vida? ¿Qué modas/tecnologías/conexiones podrías usar como ventaja? ¿Existe una forma de convertir tus fortalezas en oportunidades?	**Amenazas** ¿Qué obstáculos enfrentas en general actualmente? ¿Qué está haciendo tu competencia? ¿A qué amenazas te exponen tus debilidades?
- - -	- - -

2) Recibiendo Retroalimentación

La retroalimentación es uno de los elementos más importantes del flujo. Mientras que los sistemas de retroalimentación apropiados son importantes y deberías asegurarte de usarlos apropiadamente, mantener una mente abierta es inclusive más importante. Permítete a ti, y a la gente que te rodea, darte la información que podría mejorar tu desempeño. Esto aplica a las situaciones laborales y las privadas. Si tus amigos se quejan de que siempre llegas tarde, debe habar algo que puedas hacer. Escucha, considera, y adáptate.

Haciendo que el Trabajo sea más Desafiante

Un nivel adecuado de desafío puede significar mayor satisfacción cuando el trabajo se completa. No necesitas volverte loco; sin embargo, puedes considerar una estrategia de construcción laboral que te permita alternar tu actitud hacia inclusive los trabajos más tediosos.

1) Decide lo que quieres cambiar dentro de una tarea (*¿Puedes hacerla más interesante, divertida o inclusive combinarla con otra tarea?*)

2) ¡Evalúa la potencia de este tipo de cambio! (*¿Puedes ahorrar tiempo haciéndolo diferente?*)

3) ¡Actúa para hacer el cambio! (*Trata de hacer lo de verdad. Recuerda, las metas son importantes*).

4) Observa tu progreso, ajusta y continúa (*Trata de sacarle el mayor provecho posible*).

Todas las técnicas de arriba están diseñadas para alternar tu actitud hacia el tiempo y ajustar tu comportamiento básico de manera acorde. Es el paso inicial y más importante hacia el dominio de las habilidades de administración del tiempo y como tales representan lo básico de todo lo que sigue en este libro.

Los siguientes capítulosestán diseñados para usar de mejor manera la nueva actitud que desarrollaste hacia el tiempo. Como se menciona arriba, llegar a un estado mental particular es una cosa. Transformarlo en resultados observables es algo completamente diferente. Hay muchas cosas que tenemos que atender. Una de ellas es definitivamente la productividad.

3:Productividad - El Mito del Multitasking

Mucha gente se enorgullece de ser eficiente en multitasking. Ver televisión mientras mantienen una conversación significativa y obtener la habilidad de trabajar un poco para mañana parece algo que todo el mundo tiende a hacer. También nos permite unir nuestras tareas y diligencias en un conglomerado multidimensional.

Hacerlo todo al mismo tiempo ahora nos permitirá descansar un poco después para así enfocar nuestra energía en algo más. Esto puede ser verdad, pero ¿Qué tan efectivo es en realidad? ¿Qué tan productivos podemos hacer si estamos haciendo dos o más cosas al mismo tiempo? La ilusión de productividad existe, pero ¿Estamos solo disfrazando nuestros pobres intentos en una sola tarea, haciendo muchas al mismo tiempo?

El multitasking involucra al menos dos tareas simultaneas. Eso solo puede ser posible si una de esas tareas esta tan bien aprendida que no necesitamos enfocar nuestros esfuerzos mentales para realizarla. Deberíamos poder hacerla de manera automática, como comer o caminar.

Y aún más importante, tareas diferentes pueden involucrar los mismos mecanismos del cerebro. Como podrías notar por ti mismo, enfocarte en la letra de una canción cuando tratas de leer disminuye significativamente la habilidad para retener información sobre el tema cubierto en el libro.

Esto pasa porque ambas tareas activan el centro de lenguaje del cerebro. La información de una interfiere con la información obtenida de la otra, lo que dificulta significativamente la habilidad de prestar atención a ambas. Solo imagina hablar con dos personas sobre dos temas diferentes al mismo tiempo.

Por otro lado, escuchar música no afecta tu habilidad para manejar un auto. Esto es debido a que escuchar música activa regiones del cerebro diferentes que no tienen nada que ver con tus habilidades motoras. Pero ¿Es realmente multitasking, o simplemente significa que el conocimiento del cerebro humano es una cosa multidimensional?

¿En realidad existe el Multitasking? Investigadores el área de la cienciacognoscitiva y la psicología han descubierto que nuestras mentes no están diseñadas para hacer multitasking de alto impacto. Simplemente no tenemos la capacidad de hacerlo efectivamente.

Detallar esto convertiría a este libro en un manual de neurociencia. No lo haremos. Pero el hecho permanece, no estamos programados para hacerlo.

Tarea serial

En algún punto de nuestra vida estuvimos en la situación donde necesitábamos hacer dos cosas al mismo tiempo - ya fuera hablar por teléfono y escuchar un programa de radio, o hacer ejerciciofísico y explicar a tu amigo como fue tu fin de semana.

En lugar de "multitasking", un términomás certero para describir esto sería "tareas seriales". Cuando nos enfrentamos a muchas tareas diferentes, no las atacamos de manera simultánea, simplemente cambiamos de una a otra en una sucesiónrápida. Por ejemplo: cambias de una conversación por teléfono a escuchar un programa de radio y luego vuelves a tu teléfono. Te da la ilusión de que estáshaciéndolo al mismo tiempo cuando realmente no es así.

Pero ya es suficiente bizantinismo por ahora. Lo que es más interesante es el efecto que este tipo de resolución de tareas tiene para ti.

Costos de Cambio

Cambiar entre tareas requiere de mucha energía. Francamente, puede ser extenuante. Imagínate correr continuamente de un lado de la habitación a otra para tratar a estar en ambos lados al mismo tiempo. Ese malabar mental reclama algún costo; costo que puede disminuir el resultado exitoso de un trabajo, tarea, o lo que sea que quieras hacer. Mas importante aún, esos costos de cambio usualmente influencian en el tiempo que necesitas para terminar una tarea.

Aunque las tareas seriales pueden parecer una solución más rápida para resolver dos o más problemas, puede tomar más tiempo que si atacáramos cada problema de manera individual. Usualmente, los costos del cambio no son tan altos, pero pueden acumularse a través de largos periodos de tiempo. Mientras más largo el periodo de tareas seriales, más alto será el costo de cambio.

Movimiento de Metas y Activación de Reglas

La gente tiende a pasar por dos fases diferentes cuando se enfrenta a una situación que demanda que su atención plena se divida en dos áreas diferentes. La primera fase es llamada **Movimiento de Reglas**. Es muy simple: cuando se realizan dos tareas diferentes, necesitamos decidir cuál es la más importante para nosotros. Necesitamos hacernos la pregunta y darnos la respuesta. Algo como esto: "Quiero hacer esto ahora en lugar de eso."

La segunda fase es la **Activación de Reglas**. Somos maestros de adaptar las reglas a nuestras necesidades. Lo mismo ocurre cuando decidimos como queremos realizar una cierta tarea.

En esta etapa, tendemos a apagar las reglas para *esto* y las encendemos para *eso*. Ejemplo: hay una fecha de entrega para dos reportes. Los dos son importantes, pero no podrás terminarlos a tiempo. Primero, necesitas decidir lo que quieres hacer. Debes atravesar la fase de cambio de metas. Cuando decides el camino a tomar, probablemente todavía no tienes suficiente confianza de que la decisión fue la correcta, así que empiezas a torcer las reglas: "Ok, terminaré el primer reporte, porque tengo que hacerlo, pero el segundo - el segundo puede esperar, igual no es tan importante."

Cambiar las metas y activar las reglas que te sirvan más no es considerado dañino. De hecho, es bastante útil. Puede ayudarte a hacer el trabajo. El problema aparece cuando, durante el proceso, los costos de cambio son tan grandes que interfieren con tu productividad. En este caso tus acciones se tornan contra productivas, y como tal, drenan tu energía sin resultados visibles.

Escogiendo una estrategia para mejorar la eficiencia del multitasking

- *Evasión*

El intento más efectivo para incrementar tu productividad es dejar de hacer multitasking, o mejor, tareas seriales. Trata de enfocarte en una tarea a la vez y hazla en la mejor manera posible. Muchos de los mejores atletas, emprendedores, o programadores del mundo apoyan esto. La meta de esos ejecutantes de primera no es simplemente incrementar la productividad y eficiencia, sino ser los mejores en sus respectivas áreas. Trata adoptar esta estrategia si puedes, y observa los resultados. Para los casos en que simplemente no es posible, puedes tratar de trabajar con lo que tienes.

- *Entrenamiento*

Lo que sea que estés haciendo - tocando el piano o tratando de aprender malabares, repetirlo una y otra vez aumentará tus habilidades. Al mismo tiempo, esto puede permitirte hacer multitasking más eficientemente. Cuando dominas tocar el piano a tal grado que puedes tocar tu canción favorita sin siquiera pensarlo, una conversación vivida sobre la situación política actual puede tener lugar mientras estas tocando. Otro paso es practicar hacer dos cosas a la vez.

el mismo proceso tendrá lugar cuando lo hagas, solo que, en este caso, a un nivel multidimensional. Pronto podrás meter "ver televisión" en la sesión de discusión-piano.

Tendrás que decidir por ti mismo el tipo de actividades que incluirá el entrenamiento. Sin importar el contenido, el ejercicio podría verse de esta manera:

	Hablar por teléfono mientras manejas puede ser peligroso
1:	
2:	
3:	
4:	

Primer Intento:

1) Encuentra un cronometro y prepárate para comenzar

2) Vuelve a copiar la frase "Hablar por teléfono mientras manejas puede ser peligroso" en la tercera línea. Inmediatamente después de eso, mueve hacia abajo y escribe los números del 1 al 43

3) Luego de escribir el últimonúmero, detén el cronometro y escribe tu tiempo total.

Permite que tu mente se reinicie

Enfocar tu atención en una sola tarea puede ayudar a que tu mente se reinicie. Nuestro cerebro usa másenergía que cualquier otra parte del cuerpo. Esta capacidad puede ser útil pero también contraproducente. Así como una computadora necesita reiniciarse de vez en cuando, para recordar quien es el jefe de la relación, tu cerebro también.

Descansar es uno de los componentes clave para incrementar tu productividad. Puede no sonar como mucho, especialmente si te imaginas a ti mismo ver por la ventana por 15 minutos, pero puede ayudarte a consolidar la información que has aprendido para hacer lugar para nuevas cosas.

Cada dos o tres horas deberías tomar un descanso de 15-20 minutos. Puedes también salir a tomar aire fresco o inclusive a caminar si tienes la opción de hacerlo. Esto también aumentará tu circulación y proveerá a tu cerebro de nuevos suministros de oxígeno y nutrición.

Tomar un descanso cerebral

Cuanto empiezas a sentir que tu atención divaga, tomate un minuto o dos para relajarte. Inclusive un corto periodo de tiempo debería ser suficiente para aclarar tu mente. Una conversación simple con tu compañero de trabajo también lo logrará.

Este efecto te durará algún tiempo, por lo menos lo suficiente para tu siguiente caminata o café. Y no te preocupes; muchos empleadores están al tanto del efecto de este tipo de comportamiento en la productividad. Si no exageras, probablemente no les importe.

4: Productividad Sin Estrés

Preparar tu horario mientras tienes la productividad optima en mente todo el tiempo puede ser una tarea difícil. Preocuparte por incrementar la eficiencia y como hacer todo a tiempo puede funcionar a corto plazo; sin embargo, hay una posibilidad de que no te mantengas comprometido al método. Y es normal; la gente a veces necesita un descanso de todo el orden.

Pero después de un tiempo empiezas a pensar: ¿Por qué puse tanto tiempo y esfuerzo en esto? Debe haber habido una razón. Y decides continuar con ello. Preparas un plan del cual esperas los máximos resultados: mayor productividad y una hora adicional al día, solo para ti.

Luego del primer día todo parece estar bien. El segundo día, tu jefe anuncia que tendrás que trabajar horas extra esta semana, la misma semana que tu hija tiene un recital de piano, el cual tendrás que perderte. Todo el esfuerzo desaparece en medio segundo.

No lograr las metas puede traer mayor estrés a tu vida. Adicionalmente, todos los trucos de manejo del tiempo fueron inútiles gracias al cambio repentino en tu horario. Colocar prioridades, por ejemplo, no resultará cuando físicamente no puedes realizar la tarea.

Pocas cosas pueden ayudarte a superar esto. Los métodos para el mejoramiento de la productividad personal y la reducción del estrés causado por la sobrecarga de información te ayudaran a estar preparado.

Recolecta Información

El primer paso tendrá que incluir la recolección de información de tu ambiente. Recolectar cada pedazo de información que llame tu atención es el primer paso.

Anota todo lo que sea potencialmente relevante a tus actividades, cual sea el tema, grado o urgencia, y la importancia que pueda tener. Esto seguramente incluirá llamadas telefónicas, emails, artículos de periódico, sugerencias de compañeros de trabajo, memorias, ideas personales.

Utiliza una de las herramientas de cognición extendida para recolectar toda esta información. Un cuaderno de notas o una agenda electrónica harán el trabajo aquí. Llamaremos eso tu *Cesto de Entrada*.

Sin embargo, recolectar es solo la primera parte de esta fase. Tendrás que seleccionar lo que es de valor para ti mientras vacías el *Cesto de Entrada* con regularidad. Decidir lo que quieres hacer con la información te dará control sobre los materiales recolectados. Para ser realmente eficiente, tendrás que procesar y organizar los elementos uno a uno.

Procesar y Organizar

Ser organizado hace las cosas másfáciles en general. Imagina que tienes que buscar tus calcetines por lugares aleatorios de tu casa todas las mañanas. Tenerlos en un cajón designado hace que sea más fácil encontrarlos y te ahora un montón de tiempo y frustración.

Lo mismo va para tus tareas, planes, metas y quehaceres. Luego de vaciar tu **Cesto de Entrada** necesitaras procesar la información restante y decidir qué hacer con ella. La forma más fácil y simple es combinarla en categorías. Esto debería basarse en el denominador menos común; ya sea tiempo, ubicación, o nivel de prioridad.

Todas estas categorías representarán tus ***Archivos aplicativos*** que te permitirán incrementar tu eficiencia y productividad. No solo eso, están diseñados para que planees tus acciones futuras de manera menos estresante.

Podrían verse parecidas a esto:

Action List:
- Buy present for wife
- Call John and ask about the project details

Project Plan: Vacation
- Make reservation at the hotel
- Book the plane tickets
- Get insurance

Calendar:
- March 23: Wedding anniversary
- April 2: Flying to France

Waiting for:
- The currency

Maybe:
- Read The Count of Monte Cristo

References:
- Booking conformation number: 659sd5

Revisar

Como en muchos proyectos, la fase de revisión es crucial. Ayudará a mantener actualizado y mejorar tu rutina diaria, y manejar mejor tus tareas semanales.

La revisión diaria debe incluir tu **Calendario**, con énfasis en las cosas más importantes que tienes que hacer en un día en particular. La segunda parte es revisar la **Lista de acciones**, para saber que debes hacer lo más pronto posible.

La revisión semanal debería ser un análisis profundo de tus archivos aplicativos: ***Cesto de Entrada, Calendario, Proyectos, Plan de Proyecto, En Espera de, y Quizás.*** Es especialmente importante obtener una visión amplia de lo que necesitas hacer en el siguiente periodo de tiempo. Otra vez, esto te dará la sensación de control. Este control, adicionalmente, resulta en mantener tus archivos actualizados. Esto incluirá inclusive el trabajo más tedioso y al parecer sin importancia, como limpiar tu email o tu escritorio.

Este tipo de revisión también es importante para poder desarrollar y mantener la confianza en tu nuevo sistema. Sentimientos de claridad y propósito acompañarán esta acción. La regularidad con la que organizas tus archivos también te ayudará en los eventos impredecibles. Las circunstancias cambiantes pueden arruinar rápidamente tu plan a largo plazo si no ajustas tu horario diario y semanal.

Realizar

En algún punto encontrarás tu lista actualizada. ¿Qué tal ahora? ¿Como podrías decidir qué hacer primero? Hay cuatro criterios que deberías tomar en consideración.

Contexto

Probablemente no puedas hacer las mismas cosas cuando estas sentado en tu escritorio que cuando estas caminando por el parque. El contexto ambiental limita tus elecciones y probablemente defina tu comportamiento. En caso de que tu lista de acciones sea larga, se recomienda organizarla por contexto (hogar, oficina, exterior). Esto te permitirá aglomerar las acciones que pueden hacerse en el mismo contexto.

Disponibilidad de tiempo

El tiempo siempre es un problema. Si

embargo no te presiones. No ayudará a tu cuerpo. Acopla la duración de tus acciones a la cantidad de tiempo que realmente tienes disponible.

Disponibilidad de energía

Lo mismo pasa con tus niveles de energía. A veces tienes que aceptar que estás cansado y necesitas una siesta. Hacer las cosas a la fuerza puede resultar una baja calidad de desempeño. Con probabilidades de que tengas que repetir la tarea, lo cual puede drenar tu tiempo y energía.

Prioridad

Con respecto al contexto, así como a tu tiempo y energía, tendrás que decidir qué cosas deberían hacerse primero. El "modelo triple" para evaluar tu trabajo diario puede ayudarte a decidir:

Do work as it appears	Do predefined work	Define your work
• Go with the flow • Solve tasks as they appear • Don't allow tasks to pile up	• Systematically go through your Action list • Set priorities • If your list is empty define your work	• Similar to reviewing phase • clear your mind • Update your system

Tu plan está hecho, tus Archivos aplicativos organizados, hasta priorizar no parece ser más un misterio. Lo mejor ahora podría ser empezar a usar estas habilidades. Si embargo, tu amigo tiene una fiesta esta noche, y hacer este plan muy preciso tomaría mucha energía y concentración. Quizás es mejor hacerlo mañana, cuando realmente tendrás la voluntad de hacerlo. Hacerlo hoy simplemente no tiene sentido.

Aquí es cuando muchos de nuestros esfuerzos para el manejo del tiempo empiezan a derrumbarse. ¿Por qué estamos tan dispuestos a posponer nuestros deberes? ¿Será que todos somos flojos, o hay algo más?

5: Posponiendo Tus Deberes

La definición más simple de la procrastinación incluye dejar cosas en las que deberías estar concentrándote en este momento. Esto pasa usualmente cuando estamos haciendo algo que disfrutamos más. Siempre hay algo bueno en TV cuando deberíamos estar escribiendo nuestro reporte. El día parece más asoleado cuando deberías quedarte dentro limpiando el garaje. Inclusive le quehacer casero más molesto se vuelve interesante cuando estas forzado a preparar la reunión de mañana.

Los psicólogos llaman esto un espacio de tiempo entre lo previsto y verdadero. Suena sofisticado, pero básicamente significa lo que todo el mundo hace de vez en cuando: posponer sus deberes. Respecto a esta definición, significa que hay un gran, y medible, espacio de tiempo entre el momento que queremos hacer el trabajo y cuando realmente tenemos el poder y la energía para hacerlo.

Posponer deberes no necesariamente

significa que estamos procrastinando. A veces es una cuestión de prioridades. Tu reporte puede esperar si necesitas arreglar el calentador de agua antes de que inunde toda la casa. Tampoco vas a dejar a tus hijos esperando en la escuela demasiado tiempo solo porque deberías prepararte para esa reunión. Algunas cosas son más importantes que otras y necesitas atenderlas primero.

Sentirse particularmente cansado y tomar una siesta corta antes de trabajar por la casa tampoco constituye necesariamente un comportamiento procrastinador. Si este es meramente un evento ocasional y si no toma un tiempo necesariamente largo, entonces definitivamente deberías tomarte un descanso de todo. Las siestas cortas pueden ser beneficiosas ya que le permiten a tu cerebro reiniciarse y a tu cuerpo recuperarse de un largo día de trabajo.

El comportamiento procrastinador esta comúnmente conectado a crear excusas para inclusive las tareas más simples. Quizás tienes algún tipo de dolor o la tarea es imposible de realizar; todo es válido cuando de verdad no tienes ganas de hacer algo. Ese sentimiento extraño que sentimos en el estómago cuando hasta pensamos en hacerlo, es normalmente suficiente para convencernos de que puede esperar un poco.

Algunas tareas pueden esperar, otras simplemente no. Aunque la mayor parte del tiempo tenemos la posibilidad de hacerlas a tiempo, nuestro comportamiento suele crear un ambiente estresante para nosotros y la gente que nos rodea, se interrumpe nuestro ciclo de sueño y simplemente estamos cansados y molestos en general por nuestra decisión de esperar al último minuto. Lo más extraño es que en la mayoría de los casos este comportamiento es repetitivo Tendemos a repetir nuestras decisiones y nuestros errores. ¿Por qué tendemos a hacer esto?

Causas comunes de la procrastinación

Las razones para la procrastinación pueden encontrarse en la naturaleza de la tarea, pero tútambién eres responsable por ella. Aunque se pueden mezclar con facilidad, es importante entender cuál de las dos es relevante dada la situación. De esta forma tendrás la habilidad de seleccionar tu acercamiento para cambiar tu comportamiento y superar este habito.

Inconveniencia

Seguido nos encontramos fuera de nuestra zona de confort. La realidad no encaja con nuestras expectativas, nos sentimos inseguros y pequeños, y tenemos esta sensación de que no pertenecemos más. Sin embargo, a veces solo estamos actuando acorde con nuestras preferencias y encontramos un trabajo en particular poco placentero, aburrido o redundante. En este caso, nos estamos preparando para hacer lo que sea necesario para evitarlo. Buscamos excusas y posponer la tarea el mayor tiempo posible.

Cuando lo ves desde esta perspectiva, verás que la mayoría de los trabajos tienen sus aspectos poco placenteros. La mejor forma de lidiar con esto es acabándolosrápido. Cambia a tu lugar feliz mental y trata de acabarlo lo máspronto posible. De esta forma te podrás enfocar en deberes más placenteros.

Duda

Inclusive las habilidades de organización extremadamente desarrolladas no son garantía de que no caerás en las trampas de la procrastinación. Todavía puedes sentirte abrumado por una tarea en particular. El dudar que posees las habilidades para producir resultados satisfactorios puede retrasar la decisión de hacer lo que tienes que hacer. Buscar tareas que sabes que están en tu zona de confort es muy común desde esta perspectiva.

La tarea grande, desafortunadamente, no desaparecerá. Tarde o temprano vas a tener que realizarla. A veces no hay otra forma sino simplemente hacerla. Pregúntate a ti mismo que tienes que perder si no te desempeñas como se espera. No obstante, somos solo personas, siempre en proceso de aprendizaje.

Perfeccionismo

La gente que se inclina al perfeccionismo también suele ser perfeccionista en la procrastinación. Suelen posponer sus deberes ya que quieren perfeccionar sus habilidades que les permitirán obtener resultados de primera. Hacerlo a medias no es lo de ellos. Es todo o nada.

Aunque esto pueda ser útil para tareas con habilidades demasiado específicas, también puede significar que, si te encuentras en esta descripción, el trabajo empezará a apilarse. Sin embargo, si te las arreglas para mantenerme en tu carril y ser eficiente y productivo, no hay necesidad de empezar a cambiarlo ahora. Pero solo si este es el caso.

Falta de habilidad de toma de decisiones

A veces tienes que ser asertivo y saber que es mejor para ti. Si no puedes tomar una decisión cuando una situación lo demanda con urgencia, tienes más probabilidades a posponer la toma de acciones. Tener miedo de tomar decisiones que llevaran a posibles errores puede resultar en posponer cosas el mayor tiempo posible.

Las situaciones suelen ser complicadas y confusas. Sin embargo, estas aquí para cuidarte a ti mismo. Por ello, tus archivos aplicativos pueden ayudarte a ver el panorama entero de la situación y a tomar una decisión acertada.

6:Mecanismos de Defensa de los Procrastinadores

Estar expuesto a impulsos potencialmente dañinos del ambiente o de tus propias inclinaciones es parte de la vida. Sin embargo, la gente, siendo tan increíble, tiene la habilidad de acoplarse a todo tipo de situación. Estas técnicas nos ayudan a reducir la ansiedad que puede resultar de confrontarnos con algo fuera de nuestra zona de confort.

Los mecanismos de defensa, como los llamamos, pueden tomar varias formas diferentes y pueden resultar en comportamientos sanos o dañinos, dependiente de la frecuencia de su uso.

La misma procrastinación se puede colocar en esta categoría. Tiene toda la calidad de un mecanismo de defensa; nos permite acoplarnos con algo que no es cómodo hacer y puede resultar en comportamiento dañino que nos roba la energía y la eficiencia.

Sin embargo, como la procrastinación puede convertirse en un habito que puede causarnos sentimiento de ansiedad, muchos procrastinadores han desarrollado estrategias para acoplarse a ello. Las respuestas individuales de acoplamiento a la procrastinación usualmente sirven para evadir y alienar emocionalmente, en lugar de para resolver este problema.

Los mecanismos de defensa emocionales son especialmente interesantes. Están diseñados para reducir el estrés asociado a retrasar metas personales y proveer placer al hacerlo. Muchos de los procrastinadores "más hábiles" usan las siguientes técnicas.

Evasión

Retirarse temporalmente de una situación difícil es usualmente otra forma de protegernos de un sentimiento negativo que pueda nacer de nuestra percibida inhabilidad para desempeñarnos bien. Ver TV cuando deberíamos estar trabajando es un ejemplo perfecto de este mecanismo de defensa. Sin embargo, retrasar nuestras tareas usualmente solo hace la situación peor y a medida que la evasión continúa, usualmente produce más ansiedad que (a veces) amerita estrategias de acople adicionales.

Distracción

Si por alguna razón evadir no es posible, la distracción puede ser útil. Al entrañarnos en diferentes comportamientos o acciones nos olvidamos, al menos por un momento, sobre la tarea que debemos realizar. Navegar por perfiles aleatorios de Facebook parece una solución perfecta para distraernos de escribir, leer, o lo que sea que deberíamos estar haciendo.

Trivialización

Trivializar tareas que hace unos días podrías jugar que eran las más importantes en tu vida es una estrategia común para justificar nuestras acciones. Esa reunión para la que debimos prepararnos no era tan importante como decíamos antes.

¿Por qué estresarse cuando simplemente no teníamos tiempo para eso? Este tipo de autopersuación puede ayudarnos a sentirnos mejor por un rato, pero no hará que la tarea desaparezca. Adicionalmente, las consecuencias de la trivialización pueden ser duraderas y serias.

Humor

Realmente es gracioso lo flojos que somos. Solo riámonos y todo estará bien. Cuando reímos, se liberan en nuestro cerebro endorfinas que reducen el estrés. Esto nos hace sentir más felices y relajados, lo que puede ser algo bueno para completar nuestras tareas. Pero nos tenemos que dar cuenta de que mientras la risa puede ser la mejor medicina, no es necesariamente efectiva en producir resultados relacionados al trabajo.

Negación

Negar la procrastinación es otro mecanismo de defensa. Tendemos a convencernos a nosotros mismos de que nuestro comportamiento no es realmente procrastinación, sino otra cosa. Sentirse cansado es el mejor ejemplo para ello. Podría ser que estamos cansados cuando deberíamos trabajar, pero debemos racionalizarlo: ¿realmente estamos tan exhaustos que no podemos lavar los trastes esta noche, o solo estamos tratando de evitar esa tarea poco placentera?

Flojera

La flojera es engañosa. Nos pueden tildar de flojos porque tendemos a posponer nuestros deberes. Por otro lado, podemos procrastinar porque somos flojos por naturaleza. Cualquiera que sea la verdad, ser flojo es solo una forma de evitar el trabajo que espera ser hecho.

Valorización

Imagina esto: cuando deberíamos estar concentrados en una tarea de nuestra lista de acción, empezamos otra actividad, digamos cocinar. Después de completarla, estamos inmensamente orgullosos de nuestro logro y nos sentimos alegres de haber saltado nuestros deberes. Esto se llama valorización. Dentro de este mecanismo de defensa, tendemos a sentir exceso de satisfacción en lo que hemos logrado cuando debimos haber estado haciendo otra cosa.

en muchos casos, nuestros mecanismos de defensa no son tan claros. Están mezclados en una crisálida anti-productividad. Sin embargo, te podrías dar cuenta de que, en una situación en particular, uno o más se pueden notar. Al abordarlos y analizar nuestro comportamiento, será másfácil entender y superar las razones para la procrastinación.

En el caso de que tu flojera de consuma, podrías considerar porqué es este el caso. Puede ser que de hecho eres muy flojo. Pero es más probable que no haya más que eso. Quizás quieras abordar este problema y continuar pegado a tu lista de acción.

7:Fórmula de la Procrastinación

Gente diferente tiene diferentes razones para procrastinar. También usamos diferentes mecanismos para acoplarnos mejor. Sin embargo, hay algunas cosas en común para cada comportamiento relacionado con la procrastinación.

- Primero, esa la *Expectativa*. Esta noción aplica a tu expectativa para llegar a tus metas personales. A veces tendemos subestimar una tarea particular y creer que terminarla será fácil. Si nuestro entendimiento de ello termina siendo falso, podemos desarrollar resistencia. Cuando enfrentemos una tarea similar en el futuro, nuestra memoria emocional entrará y empezaremos a creer que no podemos manejar más la tarea. Esperar fracasar puede resultar en que emerjan mecanismos de defensa adicionales que nos pueden llevar al comportamiento procrastinador.

- El *Valor* se puede tomar como el segundo componente de la procrastinación. El valor que tiene para nosotros una particular meta es de gran importancia si queremos alcanzarla. Si encontramos una tarea que tiene poco valor para nuestras necesidades personales, existe una alta probabilidad de que tratemos de evitarla a toda costa. Ni siquiera los hechos probados de la importancia general de la tarea pueden forzarnos a que nos guste algo que simplemente no nos gusta.

- La *Impulsividad*es en general el más grande factor de la procrastinación. Es parte de un componente más amplio de la procrastinación - tiempo. Cuando somos impulsivos tendemos a olvidar seguir nuestro plan de acción y hacer lo que parece lo más razonable en un momento dado. A medida que pasa el tiempo, tenemos más probabilidades de olvidar esa tarea en la que deberíamos concentrarnos. Las recompensas de competición empiezan a desvanecerse y empezamos, de nuevo, a usar diferentes mecanismos de defensa para convencernos de que realmente no era tan importante.

- El hecho de que algunas de nuestras tareas pueden estar lejanas en el futuro puede llevarnos a **Retrasar**nuestra decisión de llevarla a cabo de manera apropiada. Este componente, como el anterior, tambiénestáconectado a las recompensas que recibimos por nuestras acciones. Mientras más retrases una tarea en particular, menos motivado te vas a sentir al hacerla. El problema aquí es que también solemos calcular mal el tiempo de inicio de la tarea. Puede parecer muy distante, en algún lugar del futuro, cuando de hecho estámás cerca de lo que la percibimos.

Todos estos componentes están

entrelazados y además conectados a cualquier otro aspecto del manejo del tiempo. Es imposible decir que la impulsividad es la razón principal para la procrastinación sin conectarla a efecto de recompensa por retraso. Y no podemos decir esto sin entender la psicología de la percepción del tiempo.

La fórmula de la procrastinación está basada en cuatro factores encontrados en cualquier tipo de procrastinación, por ende, incluye todos los factores descritos en este libro. Se necesita todas esas nociones para explicar por qué a veces nos falta la motivación para hacer algo que obviamente deberíamos.

$$Motivation = \frac{Expectancy \times Value}{Impulsiveness \times Delay}$$

La procrastinación para esta perspectiva es definida como el producto de la expectativa y el valor, dividido por el producto de la impulsividad y el retraso.

Pero esto puede parecer un poco abstracto. Para entender cómo funciona esta fórmula, tenemos que ponerla en acción. La mejor forma de hacerlo es examinando diferentes tipos de procrastinación y tratar de resolverlos.

Bajo Valor

Ahora imagina que tienes que escribirle un reporte a tu jefe. El tema, aun siendo parte de tu trabajo, es tan aburrido que simplemente no te puedes sentar y empezar a escribir. Cuando finalmente lo haces, luego de 10 minutos de trabajo, decides tomarte un pequeño descanso. Dentro de este pequeño descanso, llamas a algún amigo y una cerveza de repente parece una idea perfecta. Finalmente empiezas a trabajar cuando vuelves a casa muy tarde en la noche. Aunque finalmente logras hacerlo a tiempo, la calidad del reporte ahora no es tan alta como debería ser.

El problema en este caso es que la tarea tiene muy poco valor para ti. Por eso decidiste retrasarla tanto como fuera posible. Es fácil hacer esto cuando no te gusta algo. Una cerveza con un amigo es fácil, pero trabajar en algo que encuentras aburrido requiere motivación. Debido al bajo valor, el nivel de motivación no es suficientemente alto para convencerte de empezar a ser productivo.

Impulsividad

Hay una posibilidad de que esto ya te haya pasado. Empezaste a planear tus vacaciones en el exterior. Reservaste el boleto de avión; cambiaste tu dinero y ya empezaste a empacar. Recordaste que todavía tienes que reservar el hotel, pero en esta situación caótica, algunas cosas fueron más importantes. Cuando ya casi es tiempo de salir, recordaste que se te olvidó hacerlo. Hiciste una reservación de últimominuto, pero cuando llegaste a tu destino, la habitación no era lo que esperabas.

Inclusive sabiendo que podías hacer la reserva con antelación, algunas cosas simplemente fueron más importantes en ese momento. Sería másfácilhacerlo, pero te distrajiste con cosas más urgentes o más interesantes. Cuando finalmente lo hiciste, ya era casi demasiado tarde.

Estudios han demostrado que el impacto de un evento en nuestradecisión decrementa mientras más lejos este en el futuro. Tendemos a darle prioridad a las recompensas que nuestras metas nos puedan dar ahora y estamos menos motivamos por las potenciales recompensas en el futuro. De hecho, es bastante obvio. Es mucho más satisfactorio obtener un helado cuando realmente lo quieres que dentro de una semana.

Ganarle a la Procrastinación

La procrastinación es un fenómeno complejo que involucra numerosas característicaspsicológicas. Cubrimos algunos de ellos, y dejaremos otros de ellos para otro momento. Pero suficiente con la teoría, tienes que empezar a trabajar en ganarle.

Una vez que entiendas la fórmula de la procrastinación, las posibles estrategias se tornan bastante obvias. Aunque no hay mucho que puedas hacer por el efecto tardío de la recompensa, puedes enfocarte en los componentes en los que todavía tienes control. Para poder ganarle a la procrastinación tendrás que, por ende, incrementar tu expectativa por un resultado positivo, encargarte de la impulsividad e incrementar el valor percibido en la tarea.

Incrementar el Valor

Puede ser difícil el mantenerse motivado sobre algo cuando no tiene mucho valor hacia nosotros. Lo bueno del valor, sin embargo, es que es relativo. Esto significa que podemos modificar nuestra actitud y comportamiento para percibir el valor de una tarea como si fuera mayor.

Significado

Puedes empezar por darle significado a una tarea particular. La puedes conectar a algo que te preocupe o que simplemente te guste. Si te gusta cantar puedes cantar mientras lavas los trastes. De esta manera empezaras a conectar una tarea poco placentera con algo que disfrutas hacer.

Lo mínimo que puedes hacer es conectar la tarea a algo a través de una cadena: Si escribes un bien reporte para tu trabajo ahora puede que consigas un ascenso luego, lo que te permitirá ahorrar más dinero y eventualmente podrás comprar ese auto deportivo que tanto quieres.

Energía

Las tareas parecen ser másdifíciles cuando estas cansado. Quizás quieras hacer las tareas más demandantes cuando estas más alerta. Esto hará que la tarea se vea másfácil inclusive si no te gusta tanto.

Hay varias cosas que puedes hacer para preservar tu energía:

Ejercicios - Tomar mucha agua - Tomar siestas rápidas
Escuchar música para mejorar tu humor - Cuidar tu dieta

Recompensas

Puedes incrementar el valor de una tarea al recompensarte a ti mismo luego de completarla con éxito. A la larga, esto ayudará a conectarte con la tarea con algo bueno que pudiera seguir. Realizar un sistema de recompensas es tu entera decisión. Decide lo que consideres sea un premio adecuado para tu trabajo y apégate a él.

Encargarte de la Impulsividad

Encargarte del comportamiento impulsiva

es igualmente importante que incrementar el valor de tu tarea. Aquí tienes dos estrategias que te ayudaran con esto.

- *Comprometerte ahora*

La pura voluntad no siempre es suficiente para producir resultados. La voluntad desaparece con facilidad si no te comprometes al acto de hacer. Planear con antelación puede ayudarte con esto. Si sabes que puedes distraerte con facilidad, ataca el problema por adelantado, donde no parece ser tan urgente.

Otro método que puedes usar para comprometerte ahora es "tirar las llaves". Cierra todas las alternativas tentadoras y enfoca tu atención en lo que es importante. Ver TV es un ejemplo perfecto. Mucha gente es más productiva cuando decide no encenderlo cuando deberían estar trabajando.

También puedes tratar aplicando la técnica del castigo positivo. Al exponerte a un castigo leve cada vez que no llegas a tu meta, programarás tu comportamiento y trataras de evadir las consecuencias. No salir por una cerveza en la tarde es un ejemplo perfecto de dicho castigo.

- *Poner metas*

Las metas son importantes. Sin un grupo de metas adecuando, básicamente vas por la vida sin saber cuándo has llegado a tu destino. Aplica el acercamiento inteligente o **SMART** (por sus siglas en inglés) a tus metas, cuando pienses que quieres lograr. Tus metas deberían ser:

- Especificas (Specific)
- Medibles (Measurable)
- Alcanzables (Attainable)
- Realistas (Realistic)
- Puntuales (Timely)

Incrementa la Expectativa de Éxito

Si crees que no puedes hacer nada, existe la posibilidad de que estés en lo correcto.

La actitud lo es todo desde esta perspectiva. Si crees que no tendrás éxito, tendrás poca motivación para hacer lo que tienes que hacer. El consejo más obvio sería permanecer positivo y creer en ti mismo. ¿Pero cómo puedo obtener esta actitud? Ya cubrimos este tema un poco pero aquí te damos aspectos adicionales del tema, que te permitirán trabajar en tu actitud positiva en general.

El efecto espiral

Un desempeño exitoso puede hacerte sentir mejor y más optimista sobre tareas similares en el futuro. Te puedes poner a ti mismo una serie de retos que sean fáciles de resolver. Esto hará que tu ego mejore y te hará sentir que puedes hacer lo que sea. Solo cuida que el reto sea de concordancia con lo tu nivel percibido de habilidad (recuerda; ¡el flujo!). Luego de un tiempo empieza a mezclar tareas de las que no estás seguro. Notarás el efecto de derrame de la mejora positiva de la espiral de éxito. Te permitirá desarrollar una perspectiva nueva y positiva en tu habilidad para desempeñarte.

Visualización Creativa

También puedes tratar de imaginar lo que quieres alcanzar y como lograrlo. Trata de imaginar lo bien que se sentirá cuando termines el reporte para tu jefe o los efectos que esto tendrá en tu carrera futura. Las investigaciones han demostrado que este método incrementa sustancialmente la motivación a desempeñar tareas másdifíciles.

Otra opción es imaginar que pasaría si evades hacer la tarea que deberías estar haciendo. El contraste mental puede tener el mismo efecto que la visualización creativa. Queda de tu parte decidir que método quieres usar. A algunas personas les gustan las zanahorias, otras necesitan el palo.

8: El Arte de la Administración del Tiempo

Hemos cubierto la teoría y algunos

consejos prácticos sobre cómo manejar tu tiempo y ser más eficiente en general. Entender eso es necesario, pero no es suficiente para manejar tu tiempo de manera apropiada. Soñar es algo, pero transformar esos sueños en realidad es, en muchos casos, algo completamente diferente.

Hay muchas formas de aplicar este conocimiento del manejo del tiempo en situaciones reales. Podrías empezar examinando tu perspectiva del tiempo y adaptar tu comportamiento en una manera que te permita ser más productivo. Podrías enfocarte inicialmente en llegar al flujo y permitir que todo lo dejas siga tu nueva actitud hacia la resolución de problemas. Otra vez, deberías empezar por incrementar tus habilidades de multitasking.

En algún momento, si quieres dominar tu tiempo de manera exitosa, necesitaras aplicar cada aspecto de ella en tu rutina diaria. Esta manera de pensar deberá convertirse en tu habido que deberás incorporar en cada momento de tu vida.

El manejo del tiempo no es solo una teoría; es una manera de vivir. Es similar a convertirse en un atleta profesional. Limitar tus esfuerzos a un solo día de la semana no te llevara a ningún lugar. Toma luchas constantes y adaptación para volverte muy bueno.

Es posible perder la motivación en el proceso, pero con un grupo de metas correcto, continuaras hasta alcanzar lo inalcanzable. Como con los deportes (y cualquier otra cosa), tienes que empezar desde el principio.

Empieza pequeño: Estrategias diarias

Cada uno de nosotros tiene una forma diferente de vivir y, por ende, una rutina de vida diferente. Es por esto por lo que es difícil proponer una rutina diaria efectiva que te permita un mejor uso de tu tiempo. Tendrás que pensar sobre los aspectos que te hacen perder el tiempo por tu cuenta y hacer los cambios apropiados.

Sin embargo, crear tus propios archivos aplicativos (incluyendo lista de acción, plan de proyecto y un calendario con tus deberes) debería ser una de tus prioridades. Ellos te permitirán planea tu día por adelantado y seguir una transición fluida entre días y semanas.

Hay unas pocas cosas que podrías perder de tu lista si no tienes cuidado. Afrontarlas a tiempo te permitirá arraigarlas en tu comportamiento para desarrollar a tiempo una mejor perspectiva; más saludable, desde el principio. Las acciones pequeñas tienen un gran efecto en tu futuro; solo tienes que saber cómo afrontarlas.

Antes de trabajar

1) ***Empieza el trabajo creativo temprano***

Cuando todavía estas un poco

somnoliento, tu mente trabaja de manera diferente.Estas más abierto anuevas formas de pensar y a nuevas ideas. Usa este estado para ser creativo. Imagina lo que puedas hacer en el transcurso del día. No importa si es alcanzable o no; el punto es ejercitar la mente. Esto te permitirá ser mejor en la resolución de problemas más tarde en el día.

2) *Usa pequeños espacios de tiempo*

Usa el tiempo libre cuando estas esperando que tus huevos hiervan (o cual sea tu desayuno favorito) para hacer algo productivo. Pararte en la cocina a esperar no forzará a los huevos a cocinarse más rápido. Haz que este tiempo cuente, lo que sea que decidas hacer.

3) *Combina actividades*

Discutimos que el multitasking puede ser contra productivo. Pero hay excepciones. Si tienes el habito de leer las noticias cada mañana, hazlo mientras desayunas. También es beneficioso para la digestión, ya que algunas investigaciones han demostrado que leer reduce la velocidad en que comemos, permitiendo anuestro cuerpo obtener másnutrientes de la comida. En este caso, combinar actividades es algo positivo.

En la oficina

1) *Planifica para tener un poco menos de tiempo para trabajar*

Permítete un descanso después de terminar una tarea en particular. Si tu horario esta apretado, planifícalo por adelantado e incluye un descanso en tu tiempo laboral. Esto te dará un poco menos de tiempo de trabajo, pero el descanso potencial te servirá de recompensa motivacional.En caso de que no termines, todavía puedes usar el tiempo de desando para terminar y mantener tu horario intacto.

2) *Tareas grupales*

Si las cosas se pueden combinar, se deberían combinar. No hay necesidad de tener una reunión ahora, y otra luego si todas las partes tienen tiempo de tenerlas en la mañana.

3) *Devuelve las llamadas y revisa tu correo en momentos específicos.*

Programa un momento específico para devolver llamadas y correos y trata de no hacerlo durante tus momentos másenérgicos (usa estos para hacer cosas más productivas). Esto hará que tu día de trabajo sea menos estresante.

4) *Aprende a decir no*

A veces es necesario. Si estas abrumado con deberes, solo di que no a las nuevas. No tiene sentido estresarte por algo que sabes desde el principio que no podrás terminar a tiempo. Esto, de hecho, debería ser aplicado a todos los aspectos de tu vida.

5) *Delega tus tareas*

Es bueno ser autosuficiente, pero a veces otras personas pueden ayudarte. Si tienes un horario ocupado, algo de ayuda de algún compañero de trabajo puede ser invaluable

Antes de dormir

1) *Programa lo que te hace perder el tiempo*

Trata de programar un momento específico para ver TV o navegar en internet. Estas actividades relajantes pueden ser beneficiosas para tu productividad solo si son confinadas. Tener la TV encendida cuando tienes que enfocarte en otro trabajo puede tener un efecto negativo.

2) *Pretende que la fecha de entrega es mañana.*

No importa si la fecha de entrega es hasta la semana que viene. Trata de acoplarte con tu mecanismo de defensa y pretende que es para mañana. Verás que tanto efecto puede tener en tu voluntad de hacer la tarea en cuestión.

3) *Revisa tu trabajo del día anterior*

La retroalimentación es importante. Te permitirá aprender de tus acciones y a encontrar espacio para mejorar, y además te permitirá entender tu progreso. Para una transición fluida entre días, haz una revisiónrápida de tu trabajo del día anterior. Escribirlo te permitirá aclarar tu mente y tener una transición fluida al siguiente día

Conclusión

No hay razón para lamentarte si no eres exitoso en el manejo de ti tiempo. En la sociedad acelerada de hoy, más gente se encuentra atrapada en situaciones que no pueden seguir controlando. El estrés se convierte en una condición mental socialmente aceptada y la sobrecarga de trabajo en un prerrequisito para ello.

Por ende, manejar el tiempo no es un paseo por el parque. Se requiere de mucho esfuerzo y compromiso el poder estar al día con un horario ocupado. Y la vida no es solo trabajo y tareas. Todavía tenemos que encontrar tiempo para nosotros, nuestra familia, y disfrutar de algo de diversión con nuestros amigos.

Solo porque es difícil no significa que sea imposible. Ahora tienes el conocimiento de lo que es prioridad para ser mejor manejando tu tiempo. Entiendes las acciones que necesitas realizar para poder ganarle a la procrastinación e incrementar tu productividad. La combinación de los acercamientos descritos puede servir como buena base para cambiar tus hábitos y mejorar aspectos particulares de tu vida.

Igual necesitaras algo de esfuerzo para lograr todo el potencial del manejo efectivo del tiempo. Puede que tome algo de tiempo hacer los cambios necesarios. Es por esto por lo que deberías ir y empezar a hacerlo. No hay nada que perder y muchísimo que ganar.

www.ingramcontent.com/pod-product-compliance
Lightning Source LLC
Chambersburg PA
CBHW072002070526
44583CB00015B/1294